人手不足を解消しよう！

60代採用のススメと人事・賃金制度ガイド

特定社会保険労務士

三村正夫

アニモ出版

はじめに

　本書を手にしていただき、深く感謝申し上げます。

　私は、日常的には社会保険労務士としての業務を行なっていますが、昨今の傾向として、顧問先から70歳とか75歳の社員を雇用している話などが聞かれるようになりました。

　また最近では、多くの社長さんから「求人が思うようにできない」と嘆かれる話もよく聞きます。

　さらに、新年の社長さんの抱負を聞いていると、「とにかくいい人材がほしい」といった話をされる方が多いように感じます。

　特に中小企業では、新卒採用も中途採用も厳しい状況にあり、円安が進んで思うように外国人が日本にこなくなったため、外国人の雇用もままなりません。

　このようななかで、人手不足・人材不足がさらに進んでいくならば、私はやはり、「高齢者雇用」がいまの日本では一番の近道であり、コストを最も低く抑えることができる人材マーケットではないかと考えます。

　データによれば、日本人の厚生年金受給者の男女平均額は約15万円です。働いていない奥さんの年金（国民年金）の平均額が約６万円としても、夫婦２人合計で年金収入は月約21万円にしかなりません。

　これもデータによれば、老後の夫婦２人の生活費は少なくとも30万円前後は必要といわれています。最近の電気代をはじめとした物価高の現実を考えるならば、これからは、年金収入との差額の約９万円から15万円前後を、年金以外の収入で補わないと生活できないという現実が待っています。

　現在でも70歳代の働いている人の比率は約３割といったデータが

ありますが、今後は、大半の高齢者が定年退職した後も働かざるを得ない時代に突入していくものと思います。

　人手不足の日本ではまさしく、高齢者が働く社会としては、最も働きやすい社会になってきたのではないかと考えます。

　このような時代の流れのなかで、これまで、定年退職後に（同じ勤務先での再雇用を選択せずに）再就職して働くということは、あまり注目されてきませんでした。

　ましてや60歳代の採用や80歳選択定年制などは、あまり考えられてきませんでしたが、しかし、真剣に考えるべき時代になってきたのではないでしょうか。

　本書がいくらかでも、日本の社会の高齢者雇用の進展と人手不足対策の一冊になればと思っています。

　また、本書で提案した高齢者雇用の考え方は、人手不足と物価高騰の時代背景のなかで、高齢者が世の中における存在価値をより一層アップさせ、ますます輝き続けていけるキッカケの一つになれば幸いとも思っています。

　本書は、会社の経営者や人事担当者などを対象としていますが、一方で、高齢者の方にもお読みいただき、生涯現役で生きていくためのヒントの一つになれば、同年代の著者としてこの上ない喜びです。

　どうぞ最後まで、気軽にお読みいただけたら幸いです。

2023年8月　　　　　　　　　　　社会保険労務士　三村正夫

本書の内容は、2023年8月20日現在の法令等にもとづいています。

人手不足を解消しよう！
60代採用のススメと人事・賃金制度ガイド
も く じ

はじめに

2章┊**定年再雇用と新規の高齢者採用は
何が違うのか**

3章 高齢者の人事制度はジョブ型雇用で時給制がベスト

4章 ｜ 人生100年時代には 「80歳選択定年制度」を検討しよう

5章 60歳以降の従業員の賃金制度の考え方と労務管理

6章 ┊ 中小企業こそが高齢者雇用を リードしていこう

カバーデザイン◎水野敬一
本文ＤＴＰ＆図版＆イラスト◎伊藤加寿美（一企画）

定年で大きく変わる高齢者の仕事観、
やがて社会貢献へと変化していく！

多くの高齢者は定年で３つの選択肢を強いられる

　高年齢者雇用安定法という法律で、会社は65歳まで雇用を確保しなければならないことになっています。また、同法の改正により、**65歳から70歳までの就業機会の確保措置が努力義務**とされ、令和３年（2021年）４月からスタートしました。

　読者の皆さんは「定年」といわれると、「60歳定年で65歳までの再雇用」か「65歳定年」のパターンを連想されるのではないでしょうか。また、定年制度ってどこの国にもある制度ではないかと思っているのではないでしょうか。これが、現在の日本人の大半の感じ方ではないかと思われます。

　実は定年制度というのは、アメリカにはありません。そういわれると、びっくりされたかと思います。日本では、定年があるのは当たり前という感覚がありますが、**世界では定年制度そのものが禁じられている国が多い**のです。

　たとえばアメリカでは、年齢を理由とする事業主の差別行為は禁止されており、航空機のパイロットやバスの運転手など例外的に定年制を設けることが許されている職業以外は、年齢を理由に労働者・雇用者を退職させることはできないとされています。

　カナダ、オーストラリア、ニュージーランドでも同様に定年制は禁じられており、イギリスでも2011年10月から定年制が廃止されました。

　しかし一方で、ヨーロッパのフランス、ドイツ、オランダ、オーストリア、スイスなどでは、年金支給開始年齢にあわせて65歳定年

となっているケースが多いようです。

　したがってある意味、定年制度というのは日本やその他一部の国の独自の制度であると、いえなくもないと思います。

　ところで日本では、60歳とか65歳定年で多くの高齢者は、以下の３つからの選択を強いられることになります。

①定年60歳で、65歳か最大70歳までの再雇用
②定年60歳または定年65歳で退職し、別の会社に就職
③定年60歳または定年65歳で退職し、のんびり暮らしていく

　①は、現在の大半の会社員がいったん定年で退職し、勤務先の再雇用制度により、65歳か最大70歳まで働き続けるというケースです。しかし、ほとんどの人が65歳か最大70歳までしか働けなくなるという現実があり、この制度の問題点といっていいでしょう。

　②は、いったん定年退職し、その後、勤務先とは別の会社で働くか、フリーランスなどの自営業を始めるというケースです。

　③は、年金などの収入が十分にあり、定年退職と同時に、働くことを選択しないで、老後をのんびり過ごしていくというケースです。

　以上の３つのパターンをみていくと、60歳代の大半の人は、①か②のパターンを選択するようになるでしょう。

　では今後、どのパターンが増加していくと思われますか？

　①の定年再雇用については、多くの本が出版されていますが、②の高齢者の新たな採用については、これまであまり注目されてきませんでした。しかし、**人手不足の進展に伴い、今後はますます増加していく労働市場**ではないかと思います。

　この本では、その②の高齢者の新規採用をメインテーマとして解説していきます。

👴👵 定年と同時に、熾烈な競争社会での成功概念は崩れる

　定年後の３つの選択肢について考えてきましたが、60歳定年とか65歳定年で多くの会社員は、人生における自分の役割はある程度終わったものと考えてしまうようです。

　定年まで、過酷な組織における出世争いという競争社会のなかで、数少ないポスト争いに勝ち残れる人はわずかではないかと思います。多くの人は出世レースから離脱して、定年を迎えるころになると、自身の能力の限界を意識し、仕事の負荷が減少していくと同時に、稼ぐべき収入も大幅に低下していきます。

　また、子供たちの大学進学などがあり、家族のために懸命に働いて頑張ってきましたが、それも定年を迎えるころには終了しています。

　そして、「定年」という制度によって、大半の会社員は、目標を見失ってしまうのではないでしょうか。役職からも外され、賃金も２割、３割とダウンしていけば、当然モチベーションも同時にダウンします。

　この現実は、定年までの、高い収入を追い求め続けてきた**キャリア人生から転換をしなければいけない**、ということではないでしょうか。また、このことが実は定年制度の大きな弊害の１つではないかとも思われます。

　定年後も十分に働ける状況にありながら、もう自分の使命はある程度終わったと思わせてしまうのが定年制度です。しかし、人生100年時代を考えれば、あまりにももったいない考え方ではないでしょうか。

　定年という現実を経過していくと、多くの人は徐々に競争にさらされる業務から、単純なサービス業務などの現場の仕事に満足感を得るようになるようです。

　現場の仕事である、体を使う仕事に対して偏見を持っているホワ

14

イトカラーは少なくありませんが、年齢を重ねることで、仕事を通して体を動かすこと自体に価値があることに徐々に気がついていくようです。適度に体を使う仕事に就くことは、規則正しく生きていくための運動にもなるということに、やがて気がついてくるということでしょうか。

そして、多くの現場仕事は、やがて世の中を豊かにする大切な仕事であるということにも気がついてきます。

いくらITが進歩し、経済が成長しても、農業や介護などの仕事がなくなることは絶対にないと私は思います。私たちが結果的に生活を豊かに送ることができるのは、いろいろな現場仕事をしてくれている人がいるからです。

このように考えると、多くの高齢者の方が、このような現場仕事に満足感を得て働くようになるという現実が理解できるのではないでしょうか。

つまり定年と同時に、それまでの熾烈な競争社会での成功概念は崩れ、小さな仕事に価値を見出し、社会貢献への願望が目覚めてくるのです。

マズローの欲求５段階説とは何か

労務管理を考えるうえで、大変参考になるものとして、アメリカの有名な心理学者アブラハム・マズローの「**欲求５段階説**」を紹介しましょう。読者のなかにはご存じの方も多いと思いますが、それほど有名な学説で、いろいろな分野で活用されています。

ちなみに、この学説は、労務管理のベースになると思っていますので、私が労務関係の本を出版する際には必ず紹介しています。

マズローが唱えた欲求五段階説とは、次ページ図のように、人間の欲求は五段階のピラミッドのようになっていて、底辺から始まって、ある欲求が満たされると、一段階上の欲求を志すというものです。「生理的欲求」「安全の欲求」「親和の欲求」「承認の欲求」「自己実現の欲求」と昇華していきます。

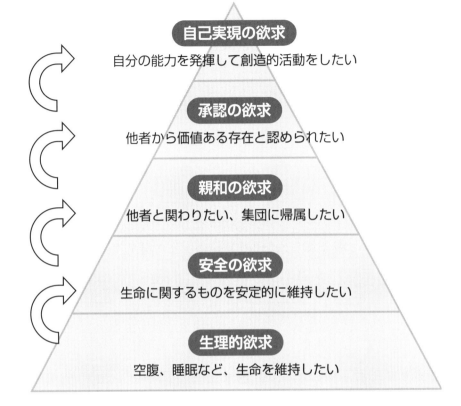

◎マズローの欲求五段階説◎

自己実現の欲求
自分の能力を発揮して創造的活動をしたい

承認の欲求
他者から価値ある存在と認められたい

親和の欲求
他者と関わりたい、集団に帰属したい

安全の欲求
生命に関するものを安定的に維持したい

生理的欲求
空腹、睡眠など、生命を維持したい

　まず、「**生理的欲求**」と「**安全の欲求**」は、人間が生きるうえでの衣食住等の根源的な欲求です。たとえば、失業していた人が、やっと就職できたという状況です。この段階の人は、とにかく賃金をいくらもらえるかが、一番重要な課題になります。

　したがって、この段階の人に対しては、賃金の多い・少ないが最大の関心事であることを認識して、いい人材を募集したいと思えば、世間相場より高めの賃金で募集するといった戦略が導き出されます。

　その欲求が満たされた次の欲求である「**親和の欲求**」とは、他人と関わりたい、他者と同じようにしたいなどの集団帰属の欲求をい

います。この段階の人は、現役の賃金制度でいえば、入社3・4年目の社員が該当します。

　先輩社員から早く一人前として認められたいと考えている状態で、給料などの賃金制度は世間並みの水準かどうか、賞与はどれくらいかなどを気にしてくる段階です。モチベーションアップには、賃金だけでなく、仕事の権限や、達成感などを与えることが必要になり、そのための教育訓練がさらに必要になってくる段階です。

　この段階から、職務手当などの手当を導入することがベストではないかと考えます。

　そして、その段階も達成すると、次の欲求は「**承認の欲求**」といわれるもので、自分が集団から価値のある存在として認められ、尊敬されることを求めてくるという、いわゆる「認知欲求」が起きてきます。

　賃金制度でいえば、仕事もベテランといわれるレベルになり、課長、部長といった地位に目覚めてくる段階です。ですから、この段階の社員はお金よりもむしろ役職に就くことがモチベーションアップに影響を与えます。したがって、この段階から役職手当を支給するといったことがベストの戦略になってくると思います。

　この段階の欲求も達成すると、人は「**自己実現の欲求**」という、自分の能力・可能性を発揮し、創造的活動や自己の成長を図りたいという欲求に成長してきます。自分に権限を与えてもらい、重要なプロジェクトをやり遂げることなどをめざすようになります。

　この段階の社員は、お金よりもむしろ仕事のやりがいがモチベーションアップにつながってきます。ただし、1つ気をつけなければならないのは、ここまでレベルが上がった社員は、社長など経営陣が恐れる存在になるかもしれないということです。独立してやがて自社のライバルになることが考えられるからです。

いかがでしょうか。このように大局的な視点から、社員にどの段階の刺激を与えればやる気が起きるかを考えなければなりません。ただ賃金だけをアップさせても、効果がある人とそうでない人がいるということを理解したうえで、労務管理全般を考えていかなければならないということです。

　私が労務管理するうえでの考え方の1つとして、大変参考になる名言がありますので、紹介しましょう。
　「人は誰でも幸福になる資格があり、幸福をつかむかどうかは自分次第、これが私の信条だ」
　これは、マクドナルドの創業者であるレイ・クロック氏の言葉で、『成功はゴミ箱の中に』（プレジデント社刊）という書籍のなかに出てきます。いかがですか。誰でも最終的には、自己実現して幸福になりたいというわけですね。

　マズローの欲求5段階説は、単純かつシンプルで大変にわかりやすいのが特徴だと思います。
　私の顧問先で、業績を上げている会社の社長さんと話していると、社長さんが意識しているかどうかはわかりませんが、このマズローの欲求5段階説のステップを本当にうまく応用して社員を育成しているなと思うことがよくあります。
　最近の研究では、マズローが1970年に亡くなる前に、「**自己超越欲求**」（コミニティ発展欲求）として、人や街や国そして世界の幸せを求める利他的な欲求が6段階目にあると気づいたというエピソードがあります。
　この6段階目があると仮定すれば、15ページで高齢者は多くの現場の仕事に満足感を得ていくようになると説明しましたが、人は最終的には、自己超越欲求である**利他的な奉仕のステージ**を求めていくのではないでしょうか。
　まさしく、現場の多くの小さな仕事は利他的な側面も含まれてお

り、高齢者が満足感を得ているというのも、このマズローの欲求5段階説からも明らかではないかと思います。

　仕事をしていて一番喜べる瞬間はどのようなときですか、と聞かれると、飲食店であれば、「本当においしかった、満足したと言っていただいたとき」など、感謝の言葉を言われたときなどが、仕事していて本当によかったと感じるようです。

　よくテレビなどでも、事業に大成功した方が福祉施設等に寄付したり、社会貢献活動に乗り出してくるケースが紹介されたりしますが、これらはまさしくマズローの6段階目の欲求である「自己超越欲求」にほかならないのではないでしょうか。

高齢者の欲求はどの段階か

　ここで、高齢者採用にマズローの欲求5段階説をどのように応用できるか考えてみたいと思います。

　基本的には、高齢者採用の対象者は、そのほとんどが定年退職者で、マズローの欲求5段階説の4段階目である「承認の欲求」段階どまりで、「自己実現の欲求」までいっている人は少ないと思います。

　もし、自己実現まで達成している人であれば、すでに会社を辞めて独立しているかもしれないと思われます。したがって、この本では、高齢者の大半はマズローの欲求5段階説の4段階目までの人であると仮定して考えてみたいと思います。

　では、実際に高齢者のケースをマズローの欲求5段階説にあてはめて、検討してみましょう。

　「生理的欲求→安全の欲求→親和の欲求→承認の欲求→自己実現の欲求」とステップアップしていくわけですが、なかには承認の欲求からステップアップしないで安全の欲求にダウンしていくといったケースも想定されます。

　たとえば、新しく勤務した職場が、経営者の方針についていけな

いということで、社員のモラールが低下していれば、社員全員が「生理的欲求」にモチベーションがダウンしてしまうことも考えられます。

　こうなると、会社への愛社精神もなくなり、会社の仕事はただ生活するためのものになってしまい、社員どうしのコミュニケーションも少なくなって、向上心など遠のいてしまっている会社になってしまいます。

　このような現実を考えると、いまいる社員のモチベーションの段階をいかにして下位ランクから上位ランクにいけるように、高齢者を採用・育成できるかが、高齢者採用の有効なポイントの1つになると思います。

　このようなことも踏まえて、定年退職後に新規採用する高齢者などの欲求ステージを考えていくと、一般的には「親和の欲求」と「承認の欲求」のなかに大半の高齢者が入ると思います。したがって、マズローの欲求5段階説から考えるならば、新規に高齢者などを採用するときは以下の3つのパターンに分かれてくるのではないでしょうか。

①採用後も自己実現の欲求をめざして努力していく（自己実現型タイプ）
②採用後はある程度の年金ももらいながら、親和の欲求のなかでできれば現状維持で過ごしたい（親和型タイプ）
③採用後も生活のために（生理的欲求をみたすために）働き続けなければならない（生理型タイプ）

　以上のように、高齢者の家族構成や年金収入などの状況によって、上記の3パターンに分類できると思います。このことをしっかり頭に入れながら、高齢者の雇用条件や賃金を決めていかなければなら

ないと思います。

👵👵 高齢者雇用の実態を知っておこう

高齢者雇用は、地域によっても異なりますが、一般的には以下のような実態ではないでしょうか。

①**高齢者の雇用率が上昇**…その原因は年金制度の改革や労働市場の需要などが影響してきている。

②**フルタイム雇用の減少**…高齢者が長時間働くことは難しくなって、アルバイトやパート雇用の割合が高くなってきている。

③**高齢者の待遇改善**…労働法などにより不当な差別待遇は禁止されており、企業側が福利厚生などの待遇改善を実施してきている。

④**専門性の高い職場での活躍**…高齢者の経験や知識は企業にとっても貴重な資産となるため、適材適所の採用が行なわれている。

ただし、高齢者雇用においては、健康や身体的な制限、年齢における差別など、今後まだまだ社会的な課題として取り組んでいく必要があるのが現状です。

一般的に、中小企業で高齢者雇用に積極的に取り組んでいるケースはまだまだ少ないのが現状ではないかと思われます。

👵👵 シルバー人材センターの役割と会社雇用の違いとは

「高齢者雇用」と聞くと大半の人は、シルバー人材センターが頭に思い浮かぶのではないでしょうか。その就業形態は、以下のように区分されています。

①請　負…シルバー人材センターが発注者と委託契約を結んで業務を受注し、それを会員に提供（紹介）する形態。請負のときは、雇用関係は生じないため、発注者は指揮命令することはできない。

②委　任…シルバー人材センターが発注者から業務を受注し、その業務を会員に委任する形態。この場合も請負と同じく発注者は指揮命令することはできない。

③派　遣…シルバー人材センターが発注者から業務を受注し、会員を事業所などに派遣して業務を行なう形態。派遣の場合は、請負や委託と違って発注者から指揮や命令を受ける。業務の中心は、発注者の従業員と一緒に働く混在作業。

④職業紹介…シルバー人材センターが発注者に会員を紹介し、紹介された発注者がその会員を雇用して業務を行なう形態。発注者が会員を雇用するため、発注者による指揮命令が可能となる。また、職業安定法や労働基準法、労働契約法、労働安全衛生法などの労働関係法令も適用されることになる。

　なお、シルバー人材センターに依頼できる仕事内容としては、事務作業、専門的な作業、軽作業などがあります。

　これらの作業に従事することを通して、高齢者の社会参加や雇用促進、地域の活性化などに貢献しているといえます。

　このようにシルバー人材センターは、高齢者雇用においてはそれなりの役割を担っています。しかし、年金だけでは十分な生活ができなくなりつつある現在では、ある程度安定した雇用が望まれつつあります。そのような意味では、上記就業形態の④職業紹介以外は雇用とはいえないので、安定した雇用にはなりづらい傾向にあります。

したがって今後は、高齢者を採用するときは、いままでのようにとにかくシルバー人材センターに登録するといった考え方だけでは、十分な対策にはなってこないのではないでしょうか。

高齢者雇用は超人手不足時代を乗り切るキーワード

厚生労働省の公表資料によれば、2022年現在の日本の労働力人口（70歳未満）は約6,350万人、一方、65歳以上人口は約3,650万人です。そして、今後は次のように推移すると見込まれています（労働参加が進むケース）。

	<2030年>	<2040年>	<2060年>
●労働力人口	約6,000万人	約5,600万人	約4,400万人
●65歳以上人口	約3,700万人	約3,900万人	約3,500万人

労働力人口が毎年減少していくなかで、65歳以上人口は今後20年ほどは増加傾向がみられ、2042年にピークを迎え（約3,900万人）、その後は減少していきます。そして2060年ごろからは、労働力人口と65歳以上人口は同じペースで減少していくと予測されています。

この資料から、高齢者の雇用がいまの日本では、最も大きな人手不足対策になってくることが理解できると思います。

また、このデータから分析すると約40年後には、労働力人口は現在の3分の2になり、約2,000万人近くの労働人口が減少してしまうことがわかります。この約2,000万人の減少にどのように対応していけばいいのか、今後の日本の大きな課題が見えてきます。

さらにこの資料では、労働市場への65歳以上者などの参加が進むことにより、2040年にはなんとか約5,600万人の労働力人口を維持できそうだが、労働市場への参加が進まなければ2040年の労働力人口は約5,100万人と、急速に減少し続けると指摘しています。

つまり、一気に500万人も減少すれば、人手不足も加速していくことは容易に理解できます。たとえば、外国人労働者で500万人も

の労働力を増やすのは不可能です。そうなると、いま以上に超人手不足時代を迎えることになります。

　もし、2040年の労働力人口が約5,100万人になれば、現在の労働力人口のおよそ2割減ということになり、現在、従業員10人の会社だと2人いなくなる計算になります。しかも、補充するのも厳しくなるでしょうから、今後はかなりの好条件を提示しないと人を募集することも難しい時代に突入していることが、ご理解できると思います。

　したがって、特に中小企業では、高齢者の雇用を大企業以上に真剣に考えて人材を育てていかなければ、大企業などのライバル企業からどんどん差をつけられてしまう可能性があります。

　もちろん、若い人材は重要ですが、定年を迎える社員の再雇用は当然として、高齢者の新規採用なども実施していく必要性が大きくなっているわけです。

現場の仕事は有効求人数が多いが、なり手がいない

　高齢者を雇用する際には、多様な働き方の1つとして高齢者でもできる「現場仕事」なども提案して、高齢者などの労働力も活用した業務の効率化を推進していけるかが、ますます重要な時代になってきています。

　総務省の労働力調査の「主な産業別高齢就業者数及び割合（2019年）」をみていくと、高齢就業者数では「卸売業、小売業」が126万人と圧倒的に一番で、二番目は「農業、林業」の108万人、次いで「サービス業」の103万人、「製造業」の94万人となっています。

　また、高齢就業者の割合が高い業種は、一番が「農業、林業」で、二番が「不動産業、物品賃貸業」、三番が「サービス業」となっています。

　なり手がいないといわれている、接客、販売などの「サービス業」は、高齢就業者数においても就業割合でも三番目になっています。

　このような高齢者の就業の実態をみていくと、現場の仕事がいか

にわれわれの日常を支えてくれているのかがよく理解できると思います。たとえば、農業がダメになれば、日本人は食べ物も満足に食べることができなくなってしまいます。

また同時に、高齢就業者数の多いこれらの仕事は、ＩＴでは補えない仕事が大半であることも理解できます。

小さな現場仕事がますます重要になってくる

ＡＩやＩＴは日進月歩で進展しています。たしかに、複雑な計算や機械化による合理化など、いままで、アナログ的にやっていた業務がスピードアップされ、大変便利になりました。

それと同時に、たとえば、かつては全国津々浦々にまで存在していたカメラ店などは、スマホの普及によって減少の一途をたどっています。

ところが、ＩＴ化が難しい飲食店などでは、コロナ禍が落ちついてきても、人手不足で大変に困っているのが現状です。

対面で仕事をするなどといった、アナログ的な対応なしでは、成り立たない業務は、いくらＩＴが進展してもＩＴ化は難しいのではないでしょうか。

そのような業種では、どうしても現場仕事が多くなってしまいます。ちなみに、ネットで「高齢者の仕事」で検索してみると、次のような求人情報がたくさん出てきます。

●マンション管理代行管理員…時給1,120円

●工事で座り仕事、軽作業……時給1,200円〜1,500円

●シルバー人材センター………日給5,600円

●パート事務…………………時給1,030円

●一般経理事務………………時給1,000円〜1,200円

●清掃スタッフ………………月給22万円〜36万円

上記のマンション代行管理員などは、基本的にはリアルな人がい

ないと対応できない職種です。たとえば、タクシードライバーやトラック運転手、清掃スタッフなどといった、地味な現場の仕事が伴って、私たちは日常の生活を送ることができているのです。

　今後、少子高齢化がさらに進展していく日本では、人手不足も伴って、地味な現場の仕事であるアナログ的要素の多い職業がますます見直されてくるのではないでしょうか。それと同時に、高齢者が活躍するステージに期待せざるを得ない時代に突入していると思います。

1章

....

年金月額15万円では
多くの高齢者は生活できない

高齢者の経済的
不安について考え
てみましょう。

日本の公的年金の現実

老齢厚生年金の受給額は９万円から12万円が多い

厚生労働省の「厚生年金・国民年金事業の概要」（令和２年度末現在）によると、「**老齢基礎年金**」（**国民年金**）の平均受給額は、月５万6,252円（男子平均：５万9,040円、女子平均：５万4,112円）です。

一方、「**老齢厚生年金**」の平均受給額は、月14万4,366円（男子平均：16万4,742円、女子平均：10万3,808円）となっています。

この資料では、年金月額のランク別に受給人数も記載されているのですが、それを見ると年金月額の階級別の実態がよく理解できます。

たとえば、老齢厚生年金の平均額14万4,366円が含まれる「14万円以上15万円未満」のランクの人数は91万3,347人です。しかし、実際に一番受給人数が多い階級は「９万円以上10万円未満」の112万5,200人です。「10万円以上11万円未満」のランクも「11万円以上12万円未満」のランクの受給者数も100万人を超えています。

このことからいえることは、平均額の年金をもらっている人が一番多いわけではないということです。受給者の総数（約1,600万人）から単純に平均額を計算すると14万4,366円になってしまうわけです。

したがって、令和２年度末のデータから現実的な分析を試みると、男女平均で「９万円以上12万円未満」が大半の人の老齢厚生年金の受給額といえるのではないでしょうか。

老齢基礎年金の受給額は

一方、老齢基礎年金（国民年金）についても年金月額の階級別の受給者数をみてみると、男女平均で年金月額「６万円以上７万円未

満」の受給者数が1,483万5,773人と圧倒的に多くなっています（総数は3,328万1,594人）。ところが平均額は5万6,252円と、老齢厚生年金とは逆に最多人数の受給額ランクよりも低くなっているわけです。

　また、男女別に見た、受給者数の一番多いパターンである、夫婦とも老齢厚生年金を受給しているときの年金額は、次のようになります。

男性（夫）　　　　　　女性（妻）

月17万円以上18万円未満　　月9万円以上10万円未満

　つまり、合計で月額26万円以上28万円未満が、現在の日本における男女別による夫婦2人の年金受給額の実態といえるのではないでしょうか。

　ただしこの本では、データのばらつきもあるので、男女平均の受給額をもとに、夫は厚生年金加入で奥さんが国民年金加入として、「男性（夫）：老齢厚生年金を月14万4,366円／女性（妻）：老齢基礎年金を月5万6,252円」を合計して「年金月額20万618円」を夫婦2人の年金受給額と設定して解説していきたいと思います。

　なお、平成15年（2003年）から賞与も年金受給額の計算に含めるようになったため、厚生年金は給与額に応じて年金額が変わるしくみになっているので、大企業と中小企業、また、賞与のある会社とない会社とでは、ますます年金受給額の格差が進んでいるのが実態であることも知っておきましょう。

今後の公的年金は
どのように展開していくか

🏢 年金制度は破綻しない!?

　読者の皆さんは「年金制度」というと、破綻するのではないかと不安視されている人も多いのではないでしょうか。でも私は、それは絶対にないと思っています。

【破綻しない理由：その１】

　2020年の推計値で、65歳を区切りとすると、65歳以上の高齢者比率は28.0％で、生産年齢人口（満15歳〜65歳未満）の割合59.1％となり、2.07人で１人の老後を支えていることになります。

　65歳を区切りとして2060年にどうなるかという予想では、高齢者比率は38.1％で、生産年齢人口割合は51.6％となり、実に1.35人で１人の老後を支えることになります。

　また、75歳を区切りとすると、2060年の予想では75歳以上の高齢者比率は25.7％で、生産年齢人口（満15歳〜75歳未満）の割合は64％となり、2.34人で１人の老後を支えることになります。

　現在は、60代の多くが働いており、たとえば60代前半で働いている男性割合は82.7％、65歳から69歳で働いている男性割合は60・4％にもなっています。

　高齢者とする区切りを、現在の65歳から2060年は75歳として考えるならば（実際に世間の判断もそのようになるでしょう）、１人の老後を支える割合は、現在の2.07人から2.34人へと増加します。

　人口減少や少子高齢化など一方的な見方からではなく、働く高齢者の増加が加速していくという現実を考えた視点からみれば、年金破綻ということは私は考えられないと思うわけです。

【破綻しない理由：その２】

　日本の令和３年（2021年）度末の年金積立金の資産合計額は約205兆円で、2023年度の国家予算114兆円の約２倍もあります。これ以上の積立金がある国は、アメリカしかありません。

　また、現在の給与から天引きする厚生年金保険料のしくみなどを考えても、年金制度の破綻はありえないのではないでしょうか。

　したがって、10年ほど前に流行した「年金破綻論」は、現在はあまりいわれなくなってきました。

　厚生労働省では、物価変動による年金額の予想について資料を公表しています（「2019（令和元）年財政検証の結果について」で検索するとその資料を確認することができます）。

　その資料では、物価上昇率２％の場合と物価上昇率0.8％の場合でシミュレーションしていますが、昨今の物価高が継続していくようであれば、物価上昇率２％のケースが現在の日本の状況に近いと思われます。

　その資料では、2019（令和元）年度の夫婦の年金額22万円は、物価上昇率２％で推移しても、2040（令和22）年度の夫婦の年金額は25万円に、約23年後の2046（令和28）年度の夫婦の年金額は26.3万円に、さらに2060（令和42）年度の夫婦の年金額は32.7万円になるとシミュレーションの結果が出ています。

　いかがでしょうか。このシミュレーションには、「マクロ経済スライドによる調整は『基礎年金で2046（令和28）年度』で終了し、それ以後『所得代替率51.9％』が維持される。厚生年金は調整なしである」などの前提条件が付されていますが、物価高の視点から将来の年金額を考えても増えると見込まれており、したがって私は年金制度が破綻するということは決してないと思っています。

現在の日本の年金支給開始年齢は？

採用した高齢者はいつから年金をもらっているか

　厚生年金や国民年金が現在、どのようなしくみで支給されているのか理解していない社長も多いようですが、老齢年金の支給開始年齢は次ページのようになっています。

　高齢者を継続雇用や新規採用するときには、その人がいつから老齢厚生年金や老齢基礎年金を受給しているのかを理解しておくことは非常に重要なことです。高額の年金を受給している高齢者の場合だと、たとえば、あなたの会社で月30万円の給与で雇用契約しようとしても、年金額との調整があるため、年金の一部が支給停止されるケースがあるのです。

　基本的には、男性は昭和36年4月2日以降、女性は昭和41年4月2日以降生まれの人は、表にあるように、老齢厚生年金、老齢基礎年金とも65歳からの支給開始となります。

　仮に、この原稿の執筆時点現在で70歳の高齢者（男性）を新規雇用するとなると、この人は昭和28年4月2日以降生まれであるため61歳から年金を受給していることがわかります。

　なお現在、希望すれば年金支給開始年齢を最大75歳まで繰り下げることができます。年金の支給開始年齢については、65歳からさらに遅くなるのではないかといわれることがありますが、それについては何も決まっていません。年金の支給開始年齢が引き上げられることは、当分の間はないと思います。

　実務的には、年金の繰下げを希望される人はほとんどいません。厚生労働者の古い調査ですが、2016年度に繰下げした人は、国民年金で1.4％、厚生年金で1％といった実態です。逆に、繰上げ受給した人は国民年金で20.5％となっています。

◎老齢年金の支給開始年齢◎

	60歳	61歳	62歳	63歳	64歳	65歳
男性：昭和16年4月1日以前生まれ 女性：昭和21年4月1日以前生まれ	報酬比例部分の年金					老齢厚生年金
	定額部分の年金					老齢基礎年金
男性：昭和16年4月2日～18年4月1日生まれ 女性：昭和21年4月2日～23年4月1日生まれ	■	■	■	■	■	■
男性：昭和18年4月2日～20年4月1日生まれ 女性：昭和23年4月2日～25年4月1日生まれ	■	■	■	■	■	■
男性：昭和20年4月2日～22年4月1日生まれ 女性：昭和25年4月2日～27年4月1日生まれ	■	■	■	■	■	■
男性：昭和22年4月2日～24年4月1日生まれ 女性：昭和27年4月2日～29年4月1日生まれ	■	■	■	■	■	■
男性：昭和24年4月2日～28年4月1日生まれ 女性：昭和29年4月2日～33年4月1日生まれ	■	■	■	■	■	■
男性：昭和28年4月2日～30年4月1日生まれ 女性：昭和33年4月2日～35年4月1日生まれ		■	■	■	■	■
男性：昭和30年4月2日～32年4月1日生まれ 女性：昭和35年4月2日～37年4月1日生まれ			■	■	■	■
男性：昭和32年4月2日～34年4月1日生まれ 女性：昭和37年4月2日～39年4月1日生まれ				■	■	■
男性：昭和34年4月2日～36年4月1日生まれ 女性：昭和39年4月2日～41年4月1日生まれ					■	■
男性：昭和36年4月2日以降生まれ 女性：昭和41年4月2日以降生まれ						■

（左欄）定額部分が引き上げ／報酬比例部分も引き上げ

（※）共済年金の支給開始年齢は男性と女性の区別なく、上記の男性と同様に引き上げられます。

　よく、年金受給は繰上げしたほうが得か、繰下げしたほうが得かという議論がありますが、人はいつ死亡するかわからない以上、どちらが有利ということは判断できません。

　いずれにしても、高齢者を採用する場合は、公的年金制度を頭のなかに入れて雇用対策を推進していくべきでしょう。

60代以降の仕事の満足度は
どうなっている？

高齢者だからこそ仕事には満足している!?

　高齢者が実際に仕事をしてどのくらい満足しているか、大変に興味深いデータがあります。それは、日本労働組合総連合会（略称：連合）の「高齢者雇用に関する調査2020」のデータです。

　その調査によれば、2020年に60歳以上の人を対象とした「現在の仕事についての満足度」は以下のようになっています。

●働き方：70.3%　●労働時間：73.8%　●労働日数：73.3%
●仕事内容：71.5%　●賃金：44.0%

　小さな仕事などが多くなる定年再雇用や再就職後の勤務において、高齢者は果たして仕事に満足して働いているのかというデータですが、この調査結果をみると、「働き方」では60歳以上の人のなんと70.3%は満足しているとなっており、高齢者の大半が満足して働いていることが理解できます。

　また、「労働時間」や「労働日数」、「仕事内容」についても、大半の高齢者が満足しているという現実には驚きでした。

　仕事の満足度というのは、一般的には、入社当時は充実感をもって仕事をしているけど、やがてその気持ちは減少していくのではないでしょうか。

　ところが上記調査によれば、60代以降になると高齢者の満足度は約7割にまで上がっています。これは意外な結果ではないでしょうか。やはり、高齢者は「働く」ということで、満足度が高まるということの証明だと思います。

　社会教育家として有名な田中真澄先生は、昭和54年に独立し、講演家として当時から「**人生100年時代**」の到来をすでに説かれていました。

　当時はまだ100歳以上者は全国で937人しかいませんでしたが、2014年には5万8,820人と約6倍に増え、2022年9月段階ではさらに9万526人へと増えています。

　いまでは「人生100年時代」は日常的に使われるようになってきましたが、田中先生は一貫して「最高の年金は生涯働くことだ」とも話されており、私もそのとおりだと思います。

　また、田中先生はその著書のなかで、ロシアの作家ゴーリキーの「仕事が楽しみならば人生は極楽だ。仕事が苦痛ならば人生は地獄だ」という言葉を紹介されていますが、まさにこの言葉は高齢者の生き方に通じる至言ではないかと思います。

　やはり高齢者は、定年後も働き続けることによって、仕事内容は現役時代とは多少変わって現場仕事のような小さな仕事であっても、マズローが唱えた「自己超越欲求」である他者への奉仕の願望が年々強くなってくるので、仕事に対する満足感もそれと同時に湧いてくると思います。

　人生経験豊富な高齢者だからこそ、仕事に感謝と喜びを得て働いてくれるということです。

　前述の調査では、「賃金」に対する満足度は44.0％となっており、働き方などの満足度からみると少ない結果です。このことは、高齢者は、自分らしく働くことができていると感じているものの、賃金には納得していないという実態が見えてきます。

　いずれにしても、高齢者になると、働き方・労働時間・労働日数・仕事内容に対する満足度は比較的高いという調査結果は意外かもしれませんが、会社の社長さんにはそのことをよく理解して、高齢者雇用を実施するキッカケになれば幸いです。

インフレ・物価高には 年金だけではカバーできない

🏢 夫婦で月20万円の年金で生活できるのか

　厚生労働省の調査によれば、令和2年度末で老齢厚生年金が月14万円未満の男性は約304万人います。

　プロローグで労働力人口は今後大きく減っていくことを紹介しましたが、昨今のインフレ・物価高の状況のなかでは月14万円未満の年金収入では、もはや、生活できないというのが現実ではないでしょうか。

　また、老齢厚生年金が月14万円未満の女性は約439万人もいます。男性の約304万人と女性の約439万人を合計すると約743万人にもなります。

　この人たちが年金だけでは生活できないということで、短時間労働など、多様な勤務形態にもとづいて労働市場に向かえば、いまの日本の人手不足はある程度は解消できると考えられます。

　次ページの表は、人事院が公表している、費目別・世帯人員別の標準生活費を計算したものです。

　人事院によれば、夫婦2人（世帯人員2人）の場合の生活費は毎月19万2,350円となっています。実際には生活費はもっと必要と思われますが、人事院のデータと比べても、月14万円未満の年金だけでは、生活は大変厳しくなるとの実態が浮き彫りになります。

　また29ページで、本書では夫婦2人で「年金月額20万618円」として設定したいとしましたが、この年金額では、夫婦2人で決して余裕のある生活はできないということが理解いただけるのではないでしょうか。

　なお、人事院のデータとは相違していますが、総務省の「家計調査年報（家計収支編）2019年」によると、老後の夫婦2人の平均的

◎人事院の「費目別、世帯人員別標準生活費」（令和3年4月）◎

費目＼世帯人員	1人	2人	3人	4人	5人
	円	円	円	円	円
食　料　費	30,060	48,180	56,270	64,360	72,460
住 居 関 係 費	44,700	54,430	46,870	39,310	31,750
被服・履物費	5,160	5,800	7,270	8,740	10,200
雑　　費　Ⅰ	23,600	50,950	63,150	75,350	87,570
雑　　費　Ⅱ	11,200	32,990	32,260	31,540	30,810
計	114,720	192,350	205,820	219,300	232,790

な生活費は1か月あたり約27万円です。

　一方、生命保険文化センターの「生活保障に関する調査（2019年度）」によると、夫婦2人でゆとりのある老後生活を送るために必要なお金は、月平均36.1万円となっています。

　人事院のデータよりも必要生活費は大きくなっていますから、年金だけで生活していくのは大変に厳しい時代になっていることは明らかです。

　ましてや昨今の電気料金のアップはまさに年金生活者を直撃しています。北海道では普通の家庭で電気代が約5万円から約8万円に上昇したとのテレビ報道がありましたが、ほかにも値上げラッシュが続き、この上昇分を年金以外でもカバーできる高齢者はごく一部に限られるのではないかと思います。

　一番の解決策は、元気で働ける環境にあるならば、仕事をすることによって第二の年金を獲得するべきということに尽きるようです。

預貯金の少ない高齢者は
どうしたらいい？

🏢 預貯金が1,000万円あってもまだまだ足りない

　総務省の貯蓄現在高に関する2021年の調査によると、２人以上の世帯の貯蓄現在高は平均「1,880万円」となっています。

　ちょっと高い印象はありますが、「貯蓄保有世帯の中央値」（貯蓄現在高が０の世帯を除いた世帯を貯蓄現在高の低いほうから並べたときに、ちょうど中央に位置する世帯の貯蓄現在高）でみると、「1,104万円」となっています。

　したがって、大半の世帯では1,000万円前後の貯蓄があるといえるのではないでしょうか。

　かつて、「老後のためには貯蓄は2,000万円必要」といわれていましたが、1,000万円の貯蓄があっても、その水準には程遠いと言わざるを得ません。

　したがって、年金だけでは生活がギリギリという高齢者が大半を占めているわけであり、その不足分を働いて第二の年金としていければ、2,000万円問題はある程度はクリアできるかもしれないという現実が見えてきます。

　ちなみに、上記総務省の調査で貯蓄現在高の階級別に世帯割合をみてみると、次ページ図のようになっています。

　これによると、貯蓄現在高が1,000万円に満たない２人以上の世帯はほぼ半数に達し、貯蓄現在高が400万円未満の世帯は約25％もあります。これが現実です。これらの世帯では、年金が少なければ、確実に働かざるを得ない状況にあると思います。

　以上のデータから分析すると、少なくとも約25％の世帯の貯蓄保有額は少ないので、定年後も働かないと生活そのものができなくな

◎貯蓄現在高の少ない世帯はどのくらい？◎

<table>
<tr><td><貯蓄現在高></td><td><世帯割合></td></tr>
<tr><td>● 200万円未満</td><td>15.8%</td></tr>
<tr><td>● 200万円以上400万円未満</td><td>9.9%（以上合計で25.7%）</td></tr>
<tr><td>● 400万円以上600万円未満</td><td>8.8%（以上合計で34.5%）</td></tr>
<tr><td>● 600万円以上800万円未満</td><td>7.6%（以上合計で42.1%）</td></tr>
<tr><td>● 800万円以上1,000万円未満</td><td>6.8%（以上合計で48.9%）</td></tr>
<tr><td>⋮</td><td>⋮</td></tr>
</table>

るというのが現状です。

　実は、老齢厚生年金が月額14万円未満の男性は男性受給者全体の約3割、女性だと女性の受給者全体の約8割もいます。さらにこの少ない貯蓄保有額世帯もクロスして分析すると、高齢者世帯の約3割は、物理的にも働かざるを得ないと考えられます。

　会社を経営していて、役員報酬が毎月100万円以上あるとか、不動産収入が毎月50万円ある、などといった年金以外に所得がある人は別として、大半の高齢者はなんらかの対策を考えていかないと、今後の年金事情や物価高などのインフレを考慮しても、70歳あるいは75歳になっても働くということを選択しなければ、生きていけない時代になりつつあるのではないでしょうか。

　なお、前述の総務省の調査では、貯蓄現在高が3,000万円以上4,000万円未満の2人以上世帯の割合は6.7%、貯蓄現在高4,000万以上の世帯は12.8%もあります。貯蓄保有額が少ない世帯が多いと言われる一方で、多額の預貯金を保有している世帯も多いのです。

　つまり日本では、高齢者世帯の所得格差がどんどん進んでいることも知っておきましょう。

年金額次第で
高齢者の第二の人生は変わる

年金受給者の半数は月額15万円未満

　年金生活者を大きくグループ分けすると、私は以下の4つのグループに分類できるのではないかと考えます。

---

　①年金月額10万円未満

　②年金月額10万円以上15万円未満

　③年金月額15万円以上20万円未満

　④年金月額20万円以上

　夫婦を合算した年金額で考えると、さまざまなケースが混在してしまうので、このグループ分けは、1人(主に男性の場合が多い)の年金額で設定しています。

　まず①のグループは、自営業などが長く、厚生年金保険にあまり加入していなかった(厚生年金保険料をあまり払っていない)人が多いと考えられます。

　したがってこのグループの人は、年金以外に収入源がなければ、高齢になっても働き続けざるを得ないと考えます。

　②のグループは、厚生年金保険等の加入期間が少ない人が多いと思います。このグループに入る人も、年金以外の収入が少なければ、①のグループと同様、働き続けざるを得ないと考えます。

　③のグループは、現在の日本の会社員の大半が該当し、年金以外の収入がなくても、なんとか生活できるのではないでしょうか。

　しかし、昨今の日本の物価高などを勘案すると、このグループの人も今後は働かざるを得なくなってくると考えられます。

◎年金受給額の人数分布と割合◎

＜年金月額＞	＜人数（男女平均）＞	＜割　合＞
10万円未満	375万7,363人	約23%
10万円以上15万円未満	487万4,049人	約30%
15万円以上20万円未満	487万5,227人	約30%
20万円以上	259万3,494人	約16%
合計人数	1,610万　133人	

　④のグループは、厚生年金保険に長く加入してきた人で、年金受給額としては一番恵まれており、年金収入だけでもなんとか生活できると考えます。

　このように考えると、4つにグループ分けしたうち④のグループ以外の人は働かざるを得ないのではないかと考えられます。

　上表は、老齢厚生年金の令和2年度末のデータをもとに、私が集計・作成したものですが、年金月額15万円未満の人がなんと863万1,412人と全体の53％も占めています。

　したがって、この約860万人は、年金収入以外の収入を得るためのなんらかの対策が必要になるといえます。

　年金月額が20万円以上の人の割合は約16％です。したがって、年金を20万円以上、受給している人は6人のうち1人しかいないということになります。

　私は社会保険労務士としての業務のなかで、年金の支給申請の依頼を受けるケースもよくありますが、年金月額が20万円以上ある人は、上場企業や役所に長く勤務していた人以外にはほとんどいなかったと記憶しています。

1-8 高齢者は定年後の生活を どのように考えているか

🏢 ６割の高齢者は子供などと同居していない

　高齢者のなかには、子供たちとの同居、いわゆる２世帯住宅などで暮らしているので、年金の受給に関しては比較的余裕があるというケースの人もいるのではないかと思います。

　ところで、日本における65歳以上者のいる世帯の世帯構造別割合は、厚生労働省の「国民生活基礎調査の概要（令和３年）」によれば、次のようになっています。

◎65歳以上者のいる世帯の世帯構造◎

65歳以上者のいる世帯	25,809千世帯（全世帯の49.7%）… A
●単独世帯	7,427千世帯（Aの28.8%）
●夫婦のみの世帯	8,251千世帯（Aの32.0%）
●親と未婚の子のみの世帯	5,284千世帯（Aの20.5%）
●三世代世帯	2,401千世帯（Aの 9.3%）
●その他の世帯	2,446千世帯（Aの 9.5%）
（※）65歳以上者のみの世帯	15,044千世帯（Aの58.3%）

　このデータからわかることは、「単独世帯」の28.8％と「夫婦のみの世帯」の32.0％を合計した約６割の高齢者は、原則として子供たちの援助なしに生活していかなければならないという現実です。

　また、「親と未婚の子のみの世帯」の20.5％と「三世代世帯」の9.3％を合計した約３割の高齢者は、子供と同居していますから、子供からの援助を受けることができると考えてもいいでしょう。

　ただし、仮に子供と同居していて援助が受けられるとしても、た
とえば、同居している長男夫婦に常に気をつかわなければならない
といったような生活を余儀なくされてしまうのではないでしょうか。

　いずれにしても、65歳以上者のいる世帯の世帯構造のデータから
いえることは、約6割の高齢者は、年金収入にゆだねなければ生活
していけない状況にあるということです。

　このように、現実の世帯構造から、高齢者の老後の生活費を分析
していくと、いかに年金受給額が重要であるかを理解いただけると
思います。

　65歳以上者の夫婦のみの世帯が約3割ありますが、このケースで
は夫婦2人の年金受給額の平均は前述したように月額で約20万円で
す。

　夫婦でゆとりのある老後生活を送るためには、前述の生命保険文
化センターの「生活保障に関する調査（2019年度）」によれば、毎
月36.1万円が必要になるので、差額の約16万円をどうするかを考え
ておかなければなりません。

　第二の年金として企業年金などに加入していればよいですが、そ
のような収入がなければ、この本でこれから紹介していく、約15万
円の収入が得られる仕事にチャレンジして、働くことを選択する以
外に方法はないのではないでしょうか。

　日本は少子高齢化で核家族化がどんどん進展しています。昭和初
期のころのように、二世代や三世代が同居しているのは当たり前の
時代であれば、家族間による支え合いもあったでしょうが、現在の
日本では、もはやそのようなケースは稀と言わざるを得ません。

高齢者の定年後の生活費は
定年前よりは減少する？

🏢 70代の生活費は50代より月10万円以上減る

　高齢者になると、住宅ローンや子供の教育費などの支出がなくなってくることが多いのも、定年後世代の特徴ではないでしょうか。

　総務省の統計資料によると、「世帯主の年齢階級別消費支出額」（2人以上の世帯：2019年）は、次のようになっています。

1か月あたりの消費支出額の全世帯平均	29万3,379円
●40歳未満の1か月あたり消費支出額	27万8,768円
●40歳〜49歳	33万2,539円
●50歳〜59歳	35万4,252円
●60歳〜69歳	29万2,533円
●70歳以上	24万1,262円

　つまり、2人以上の世帯でみた場合に毎月の消費支出額は、50〜59歳の35万4,252円から60〜69歳では29万2,533円、70歳以上では24万1,262円へと減少し、50歳代と70歳以上では10万円以上もの差があります。

　この大きな原因は、やはり子供の教育費や住宅ローンなどがなくなっていることによるものでしょう。

　一方で、同じ総務省の統計資料で「高齢夫婦無職世帯の家計収支（2019年）」というデータがあり、ここでは収入と支出について次のように試算されています（「高齢夫婦無職世帯」とは、夫65歳以上、妻60歳以上の夫婦のみの無職世帯をいいます）。

●実収入…23万7,659円
　実収入から非消費支出30,981円を差し引いた可処分所得
　　　　　　　　　　　　　　　　　　　…20万6,678円
●消費支出…23万9,947円
●差し引き…３万3,269円の不足！

　つまりこの試算では、毎月３万3,269円もの不足額が生じるとしています。

　先ほどの調査データでは、消費支出は50歳代に比べて、60歳代では６万円強、70歳以上では11万円強、減少するとなっていましたが、実収入も減れば当然、消費支出するうえで不足分が生じてしまうわけです。高齢者の生活状況は、やはり大変に厳しい現実が待ち受けていることに変わりありません。

　しかし、毎月３万円ほどの不足分であれば、１日4.5時間ほどの労働時間で週に３日も勤務すれば、約10万円の収入を得られます。不安のない生活という意味では、これは非常に価値があることではないでしょうか。

　ましてや昨今のインフレ、電気料金等の値上げの影響を考えると、月３万円という不足分は倍以上の７万円ほどに拡大していると推定できるので、月10万円の収入増をめざすことは有効な考え方といえます。

　したがって、これから高齢者を雇用しようとする経営者からすれば、これらの高齢者の生活費の実態データなどを参考にして、勤務時間を何時間にするかといったことを検討する際に、判断していくベースの１つになってくるでしょう。

1-10

年金を受給しながら働くと
年金は少なくなる!?

🏢 在職老齢年金のしくみで年金額は減額調整される

　60歳を過ぎてから働くと、年金はどうなるのか？　と不安になる
高齢者の人も多いようです。

　基本的には、厚生年金保険に加入しながら常勤で勤務すると、給
料と年金月額（加給年金を除いた年金の12の1）の合計額が「48万
円」を超えると、老齢厚生年金の額が減額調整されます（これを「**在
職老齢年金**」制度といいます）。この場合、年間賞与を12等分した
額も給与の額に加算されます。

　ポイントは「**厚生年金保険に加入している場合**」であるので、厚
生年金に加入しないパート雇用などであれば、老齢厚生年金が調整
されることはなく、満額支給です。老齢基礎年金については、いく
ら高い給料をもらっても年金額が調整されることはありません。

　仮に、厚生年金に加入していて、毎月の給料20万円＋年金月額20
万円（老齢基礎年金6万円、老齢厚生年金14万円）の人であれば、
「給料20万円＋老齢厚生年金14万円＝34万円」で、48万円を超えな
いので、年金は減額調整されません。したがってこのケースでは、
給料と年金の合計で毎月40万円の収入があることになります。

　つまり、給料が定年前にもらっていた額の半分程度になっても、
年金収入を考えれば、定年前と同じくらいの収入を得ることができ
るわけです。しかも、前項で紹介したように定年後の生活費は減少
していきます。

　なお会社側からすれば、社会保険に加入しなければならない労働
条件（労働時間や出勤日数など）の場合には、在職老齢年金が適用
されることを教えましょう。次ページの表は、私が作成した在職老
齢年金の早見表です。たとえば、給与（月額報酬）が50万円で年金

◎在職老齢年金の早見表◎

(単位：万円)

年金月額	総 報 酬 月 額 相 当 額														
	9.8	12.0	15.0	18.0	21.0	24.0	27.0	30.0	33.0	36.0	39.0	42.0	45.0	47.0	50.0
1.0	1.0	1.0	1.0	1.0	1.0	1.0	1.0	1.0	1.0	1.0	1.0	1.0	1.0	1.0	0.0
2.0	2.0	2.0	2.0	2.0	2.0	2.0	2.0	2.0	2.0	2.0	2.0	2.0	2.0	1.5	0.0
3.0	3.0	3.0	3.0	3.0	3.0	3.0	3.0	3.0	3.0	3.0	3.0	3.0	3.0	2.0	0.5
4.0	4.0	4.0	4.0	4.0	4.0	4.0	4.0	4.0	4.0	4.0	4.0	4.0	3.5	2.5	1.0
5.0	5.0	5.0	5.0	5.0	5.0	5.0	5.0	5.0	5.0	5.0	5.0	5.0	4.0	3.0	1.5
6.0	6.0	6.0	6.0	6.0	6.0	6.0	6.0	6.0	6.0	6.0	6.0	6.0	4.5	3.5	2.0
7.0	7.0	7.0	7.0	7.0	7.0	7.0	7.0	7.0	7.0	7.0	7.0	6.5	5.0	4.0	2.5
8.0	8.8	8.0	8.0	8.0	8.0	8.0	8.0	8.0	8.0	8.0	8.0	7.0	5.5	4.5	3.0
9.0	9.0	9.0	9.0	9.0	9.0	9.0	9.0	9.0	9.0	9.0	9.0	7.5	6.0	5.0	3.5
10.0	10.0	10.0	10.0	10.0	10.0	10.0	10.0	10.0	10.0	10.0	9.5	8.0	6.5	5.5	4.0
11.0	11.0	11.0	11.0	11.0	11.0	11.0	11.0	11.0	11.0	11.0	10.0	8.5	7.0	6.0	4.5
12.0	12.0	12.0	12.0	12.0	12.0	12.0	12.0	12.0	12.0	12.0	10.5	9.0	7.5	6.5	5.0
13.0	13.0	13.0	13.0	13.0	13.0	13.0	13.0	13.0	13.0	12.5	11.0	9.5	8.0	7.0	5.5
14.0	14.0	14.0	14.0	14.0	14.0	14.0	14.0	14.0	14.0	13.0	11.5	10.0	8.5	7.5	6.0
15.0	15.0	15.0	15.0	15.0	15.0	15.0	15.0	15.0	15.0	13.5	12.0	10.5	9.0	8.0	6.5
16.0	16.0	16.0	16.0	16.0	16.0	16.0	16.0	16.0	15.5	14.0	12.5	11.0	9.5	8.5	7.0
17.0	17.0	17.0	17.0	17.0	17.0	17.0	17.0	17.0	16.0	14.5	13.0	11.5	10.0	9.0	7.5
18.0	18.0	18.0	18.0	18.0	18.0	18.0	18.0	18.0	16.5	15.0	13.5	12.0	10.5	9.5	8.0
19.0	19.0	19.0	19.0	19.0	19.0	19.0	19.0	18.5	17.0	15.5	14.0	12.5	11.0	10.0	8.5
20.0	20.0	20.0	20.0	20.0	20.0	20.0	20.0	19.0	17.5	16.0	14.5	13.0	11.5	10.5	9.0
21.0	21.0	21.0	21.0	21.0	21.0	21.0	21.0	19.5	18.0	16.5	15.0	13.5	12.0	11.0	9.5
22.0	22.0	22.0	22.0	22.0	22.0	22.0	21.5	20.0	18.5	17.0	15.5	14.0	12.5	11.5	10.0
23.0	23.0	23.0	23.0	23.0	23.0	23.0	22.0	20.5	19.0	17.5	16.0	14.5	13.0	12.0	10.5
24.0	24.0	24.0	24.0	24.0	24.0	24.0	22.5	21.0	19.5	18.0	16.5	15.0	13.5	12.5	11.0
25.0	25.0	25.0	25.0	25.0	25.0	24.5	23.0	21.5	20.0	18.5	16.0	15.5	14.0	13.0	11.5
26.0	26.0	26.0	26.0	26.0	26.0	25.0	23.5	22.0	20.5	19.0	17.5	16.0	14.5	13.5	12.0
27.0	27.0	27.0	27.0	27.0	27.0	25.5	24.0	22.5	21.0	19.5	18.0	16.5	15.0	14.0	12.5
28.0	28.0	28.0	28.0	28.0	27.5	26.0	24.5	23.0	21.5	20.0	18.5	17.0	15.5	14.5	13.0
29.0	29.0	29.0	29.0	29.0	28.0	26.5	25.0	23.5	22.0	20.5	19.0	17.5	16.0	15.0	13.5
30.0	30.0	30.0	30.0	30.0	28.5	27.0	25.5	24.0	22.5	21.0	19.5	18.0	16.5	15.5	14.0

　月額が20万円だと、年金は9万円に減額調整されます。アミ掛けの部分なら年金の支給停止はありません。

　したがって、給与（月額報酬）が月21万円以下なら、ほとんどの人が年金の支給停止の対象者にはならないでしょう。

高齢者が退職した場合の
失業保険はどうなっている？

🏢 65歳以上か未満かで失業保険のしくみは異なる

　高齢者が退職したときに雇用保険から受給できる「**基本手当**」（いわゆる「**失業保険**」）は、65歳までに失業したときと、65歳以後に失業したときでは失業保険の給付内容は大きく異なります。

　次ページに給付日数についてまとめておきましたが、簡単にいうなら、65歳未満の失業給付は、最低90日分から最高で330日分の給付額があります。しかし、65歳以上の失業給付は、高年齢求職者給付金としての30日分（勤続1年未満）か50日分（勤続1年以上）の一時金としての給付となります。高年齢求職者給付金の一時金は、何か所かの会社を転職しても、上記の基準で受給できます。

　また、65歳以上の場合でも、原則として月に31日以上の雇入れ見込みがあり、1週間の労働時間が20時間以上という条件を満たせば、雇用保険への加入が義務づけられています。ただし、高齢者雇用のように、1事業所で1週の勤務時間が20時間未満でも、別の事業所の勤務時間を合算して20時間以上であれば、本人がハローワークに申請することによって雇用保険に加入できるようになりました。

　雇用保険の加入手続きは、一般的には事業主の義務ですが、高齢者のダブルワークのようなケースでは本人が申請しなければなりません。したがって、ダブルワークで2つの事業所の勤務時間を合算して20時間以上あれば、高年齢求職者給付金の受給対象になります。

　極端なケースですが、半年勤務で退職して高年齢求職者給付金の一時金30日分を受給し、また別の事業所で半年勤務で退職して一時金30日分の受給を繰り返すことは、できないことではありません。

　会社の経営者や担当者は、雇用保険の給付金制度の内容について、高齢者雇用に限らず理解しておく必要があります。

◎雇用保険からの失業給付の給付日数◎

【65歳以降に離職した場合】…「高年齢求職者給付金」

- 一時金として支給されます。
- 離職後、ハローワークに求職の申込みを行ない、認定を受けた日に失業の状態であればそれ以後働いていてもかまいません（一般の求職者給付のように4週ごとの失業の認定はありません）。
- 高年齢求職者給付金の額は、下表の日数分の基本手当の額に相当する額です。

被保険者であった期間	高年齢求職者給付金の額
1年未満	30日分
1年以上	50日分

【65歳未満で離職した場合】…「基本手当」（いわゆる失業保険）

①下記②および③以外のすべての受給資格者（定年退職や自己の意思等で離職した人）

被保険者区分 （65歳未満共通）	被保険者であった期間		
	10年未満	10年以上 20年未満	20年以上
全年齢	90日	120日	150日

②障害者等の就職困難な受給資格者

	1年未満	1年以上
45歳未満	150日	300日
45〜65歳未満	150日	360日

③特定受給資格者（倒産、解雇等により、再就職の準備をする時間的余裕がなく離職を余儀なくされた人）

	被保険者であった期間				
	1年未満	1年以上 5年未満	5年以上 10年未満	10年以上 20年未満	20年以上
30歳未満	90日	90日	120日	180日	——
30〜35歳未満	90日	120日	180日	210日	240日
35〜45歳未満	90日	150日	180日	240日	270日
45〜60歳未満	90日	180日	240日	270日	330日
60〜65歳未満	90日	150日	180日	210日	240日

（※）アミ掛け部分は、①の場合より給付日数が手厚い層を表わしています。

定年後には果たして
何歳まで働けるのか

平均余命から考えてみよう

　定年後何歳まで働けるかということは、一概にはいえませんが、一般的には、「**平均寿命**」と「**健康寿命**」のデータが参考になると思います。

◎平均寿命と健康寿命の推移◎

	男　性		女　性	
	平均寿命	健康寿命	平均寿命	健康寿命
2010年	79.55年・70.42年		86.30年・73.62年	
2013年	80.21年・71.19年		86.61年・74.21年	
2016年	80.98年・72.14年		87.14年・74.79年	
2019年	81.41年・72.68年		87.45年・75.38年	

　平均寿命は、最新の令和３年度（2021年度）のデータでは、男性は81.47歳、女性が87.57歳です。

　われわれはともすると、この平均寿命にばかり目を奪われがちですが、私は、次ページにあげた「平均余命」の数字が重要であると考えます。

　この表によれば、令和３年のデータで75歳の平均余命を見ると、男性は12.42年、女性は16.08年となっています。

　したがって、平均すると75歳男性であれば87歳まで、75歳女性であれば91歳までは生きられることになります。

　もちろん、これは平均ですから、もっと長生きする人も多いはずなので、「人生100年時代」は現実のものになってきているのではな

◎主な年齢の平均余命◎

(単位：年)

年齢	男			女		
	令和3年	令和2年	前年との差	令和3年	令和2年	前年との差
0歳	81.47	81.56	△0.09	87.57	87.71	△0.14
5	76.67	76.76	△0.09	82.76	82.90	△0.14
10	71.70	71.78	△0.08	77.78	77.93	△0.15
15	66.73	66.81	△0.08	72.81	72.95	△0.14
20	61.81	61.90	△0.09	67.87	68.01	△0.14
25	56.95	57.05	△0.09	62.95	63.09	△0.14
30	52.09	52.18	△0.09	58.03	58.17	△0.13
35	47.23	47.33	△0.10	53.13	53.25	△0.12
40	42.40	42.50	△0.09	48.24	48.37	△0.13
45	37.62	37.72	△0.11	43.39	43.52	△0.13
50	32.93	33.04	△0.11	38.61	38.75	△0.14
55	28.39	28.50	△0.11	33.91	34.06	△0.14
60	24.02	24.12	△0.11	29.28	29.42	△0.14
65	19.85	19.97	△0.11	24.73	24.88	△0.14
70	15.96	16.09	△0.13	20.31	20.45	△0.14
75	12.42	12.54	△0.12	16.08	16.22	△0.14
80	9.22	9.34	△0.12	12.12	12.25	△0.13
85	6.48	6.59	△0.10	8.60	8.73	△0.13
90	4.38	4.49	△0.11	5.74	5.85	△0.12

(注) 令和2年は完全生命表による。

いでしょうか。

　また、前ページにあげた「健康寿命」は最近よく耳にする言葉ですが、健康寿命とは、「ある年に生まれた人がその後生きることが期待される平均年数」であり、平均寿命に対し、「良好な健康状態で生きることが期待される平均年数」を指しています。

　健康寿命は、前ページにもあるように最新の2019年データでは、男性が72.68年、女性は75.38年となっています。

　もっとも、この健康寿命が、実際に働いていられる年齢というわけではありません。しかし、超高齢化時代を迎えて生涯現役でいることをめざす社会においては、多くの人が生涯にわたって健康で働き続けられることを願っており、「何歳まで働き続けられるのか」ということの1つの目安にはなるでしょう。

　そう考えると、少なくとも男性は72歳まで、女性は75歳までは基本的には働くことができそうだ、といえるのではないでしょうか。

高齢者雇用における有期雇用契約の上限

労働基準法では、労働者との雇用契約期間について「労働契約は、期間の定めのないものを除き、一定の事業の完了に必要な期間を定めるもののほかは、3年（特例5年）を超える期間について締結してはならない」（労基法14条1項）と定めています。

したがって、高齢者を雇用するにあたって、1年ごとに更新するなどの有期雇用契約を結ぶ際には、雇用期間の限度（最長3年）に注意する必要があります。

60歳以上の高齢者との雇用契約は1回につき1年ではなく、最長特例である5年まで契約することは可能です。ちなみに、5年間の労働契約が認められるケースは次の2つです。

①公認会計士、医師など高度に専門的な知識・技能・経験を有する者との契約

②60歳以上の労働者と結ぶ契約

以上のように労働契約の上限はありますが、60歳以上の高齢者を再雇用または新規雇用するときは、1年契約で雇用し、必要に応じて契約更新したり、しなかったりできる雇用契約が、経営者も労働者も一番納得ができるのではないでしょうか。

ただし、同一企業に5年以上継続雇用されている、有期雇用労働者が事業主に申し出ると、自動的に無期契約になるという「無期転換ルール」もあります。

したがって、5年以上雇用できないときは、契約更新は5年までにとどめておくといったことが必要かもしれません。

ただし、新規雇用ではない定年再雇用者については、労働者が定年年齢に達する前に会社が「雇用管理措置に関する計画」を作成したうえで都道府県労働局長の認定を受ければ、「無期転換申込権」は発生しないという特例もあります。

2章

....

定年再雇用と新規の高齢者採用は
何が違うのか

高齢者比率の高い
職種にはどんなものが
あるでしょう。

高齢者の労働生産性と
高齢者雇用の長所・短所

🏢 高齢者の労働生産性は低くない

　高齢者の労働生産性について、都道府県ごとの高齢化率と労働生産性の関係をみると、一般的に高齢化率の高い都道府県では労働生産性が低いという傾向がみられます。

　また、人口の側面からみると、人口の多い都市部は、集積の効果によって労働生産性は高くなり、さらに、他の都道府県から生産年齢人口が転入することで高齢化率が低くなる傾向が考えられます。

　高齢社員は「休まない、遅れない、働かない」といった勤務態度であると、よくいわれますが、果たして本当にそうなのでしょうか。

　私は執筆時点で68歳です。サラリーマンを継続していれば、引退して3年目といった状態になっていたと思います。

　現在は社会保険労務士として、現役で働いていますが、仕事における生産性がダウンしたとはまったく思っていません。逆に、働くことは老化防止の最高の薬ではないかと思っています。

　定年と同時に何事にも意欲がなくなり、活動することもおっくうになって、やがて運動機能の低下と脳の老化にさらに拍車がかかって、瞬く間に元気のない老人に変貌してしまう──というのが、現在の多くの日本人の実態ではないでしょうか。

　したがって私の持論なのですが、高齢者だから労働生産性が低いのではなく、定年という制度が、まだまだ働ける高齢者の労働生産性をダウンさせているのではないかと思っています。

　内閣府公表の資料によれば、65歳以上者の労働生産性は、40代の労働生産性の半分程度にダウンしているが、20代、30代の労働生産性とはあまり変わらないとされています。高齢者だから労働生産性が低いとは一概にいえないわけです。

高齢者雇用の一般的な長所・短所とは

　高齢者の職業能力の一般的な長所と短所については、次のようにいえるのではないかと思います。

【長所】

● 仕事はベテランで経験も豊富

● 指導力・育成力がある　　● 勤務態度は良好

● 責任感がある　　● 人脈がある

● 考える力や感性力が高い

【短所】

● 体力・気力・視力・聴力が衰える

● 過去の業績や役職にこだわりを持つ

● 社会の変化に遅れている　　● パソコンに弱い人が多い

● 職業能力の個人差が大きい　　● 記憶力が落ちる

　私が社会保険労務士の業務を通して感じることは、ほとんどの経営者は高齢者に対して上記短所ばかりをイメージしており、それが一般的にいわれる年齢差別につながっていると思います。上記長所の素晴らしさに気づいていないのです。

　短所が気になるのであれば、たとえば気力・体力の衰えについては、残業をさせないとか勤務時間を短縮して配慮するとか、または、書類の文字のサイズを大きくしたり、もの忘れを防止するために文書で指示を出すといったことなどが考えられます。

　長所を活かすという視点からみれば、職務経験をさらにパワーアップしてもらって、身体労働などは若手にまかせるなどして、その代わりに、知識等を活かして頭脳労働などの分野でスペシャリストになってもらうなど、考え方を変えれば、高齢者は、経営者が思っている以上の人材になり得るはずです。

　このようなスタンスで高齢者雇用を実践していけば、いわゆる年上の部下への対応も、スムーズにいくのではないかと思います。

60代を採用するときの
高齢者向け人事制度

賃金制度はシンプルで単純なものに

　「人事制度」というと大半の経営者は身がまえてしまうかもしれませんが、高齢者雇用に伴ってそれをスムーズに進めるための人事制度を構築することは必要です。

　まず、高齢者向けの人事制度は、正社員向けにみられるような**職能資格制度は不要**であると思います。

　高齢者向けの人事制度は、「仕事の内容で決める」「仕事給で賃金を決める」という考え方が一番です。

　そして賃金制度は、与えられた仕事の習熟度で賃金額が決まるというしくみが一番わかりやすいのではないでしょうか。高齢者の社員に「あなたの能力は3等級4号俸なので〇〇万円です」といってもピンとこないと思います。

　また、賃金の支給形態については、高齢者雇用においては、月給よりも時給で支払うほうがわかりやすいですし、仕事の習熟度に応じて、たとえば契約更新時に1,000円から1,050円に昇給させるといった処遇をするのが一番いいのではないでしょうか。

　したがって高齢者雇用においては、複雑な人事制度や賃金制度は、基本的に不要です。

　そのようなことに、エネルギーをつかうのであれば、高齢者に配慮した作業効率のアップなど職場環境を整備するほうがはるかに効果的です。

　高齢者雇用に関する多くの書籍では、職能資格制度を定年再雇用者にも適用して、複雑な賃金制度をそのまま適用しているケースが紹介されていますが、特に中小企業では、そのような制度設計は必要ないと私は思っています。

◎高齢者雇用の際の賃金制度の設定例◎
（パートを含むスーパーのケース）

職種	人数	時給	職能手当
定年再雇用者 （6065型）	1	1,300円～	3,000円から３万円を、毎年の能力に応じて支給することがある。
Ⅰ型初級高齢者 （0070型）	2	1,200円～	
Ⅱ型中級高齢者 （0075型）	1	1,100円～	
店員	10	1,300円～	
事務	1	1,400円～	
賃金の決め方	原則として職種で決めるが、経験等により時給単価は個別に定める。		
人事制度	毎年、仕事の習熟度、達成度により見直す。		

（※）Ⅰ型初級高齢者、Ⅱ型中級高齢者については91ページ参照。

　65歳で再就職したとして、70歳まで５年働けるか、75歳まで10年働けるかは、高齢者自身の健康とやる気で決まります。

　したがって、高齢者雇用においては、いかに高齢者がモチベーションを維持して、やる気を継続させることができるかを、日々の取組みのなかで考えていくことが、一番の人事制度になってくるのではないでしょうか。

　上図は、私が設計したシンプルな賃金制度のサンプルです。参考になれば幸いです。

2-3 定年再雇用と 新規高齢者採用との違い

🏢 定年再雇用だけでは人手不足は解消しない

「高齢者雇用」には、次の２つのパターンがあります。

---

①定年再雇用で働いてもらう
②高齢者の新規採用による雇用

　これまで、高齢者雇用といえば多くの人が、①の定年再雇用のことを連想し、高齢者雇用に関する書籍も①のケースを紹介しているものがほとんどでした。

　しかし、昨今の人手不足は、再雇用だけでは補いきれない時代になりつつあります。今後は②の高齢者の新規雇用ということが、人手不足の解決策の１つとして、ますます注目されてくるのではないでしょうか。

　なお、高齢者の新規雇用には、60歳で定年再雇用された後に65歳で退職し、その後新しい職場で再び働くというケースも含まれます。

　上記①と②の大きな違いは、①は同じ職場での継続勤務であるのに対して、②はまったく新しい職場での勤務といいことにあります。

　したがって②の場合には、いままで経験したことのない職種につくことも多々あると思います。たとえば、人手不足が深刻化しているコンビニや清掃の業務などに就くといったケースも多くなってくるでしょう。

　しかし、高齢者の働き方の満足度調査をみると、このような職種で、逆に高齢者の働き方の満足度がアップしているというデータもあります。

やはり高齢者は、社会の活動にいくらかでも役に立てるということが、一番のモチベーションになっているようです。またそのことが、自身の健康対策になっているということも、高齢になっても働くことの大きな要因の1つではないでしょうか。

私も68歳になって、そのことがようやく実感としてわかってきた気がします。このことは、年齢をある程度重ねないと実感として湧いてこないのかもしれません。

🏢 66歳以降も再雇用を続けられるのか

厚生労働省の「令和3年『高年齢者雇用状況等報告』」という調査の集計結果によると、「66歳以上まで働ける制度のある企業の状況」は、全企業で次のような割合になっています。

①定年制の廃止……………………………… 4.0%
②66歳以上定年制の実施………………… 2.9%
③希望者全員66歳以上の継続雇用制度… 9.3%
④基準該当者66歳以上の継続雇用制度…11.1%
⑤その他66歳以上まで働ける制度………11.1%

⑤は、業務委託など企業の実情に応じて何らかのしくみで働ける制度を導入している場合を指しています。

上記調査の21人〜30人規模の企業でみると、その割合は①6.6%、②3.8%、③10.8%、④9.3%、⑤10.4%となっています。

いずれにしても、66歳以上まで働ける制度を導入している企業はまだ4割程度であり、多くの企業では65歳になると定年再雇用も終わります。

このことはもはや、定年再雇用だけでは人材確保は難しくなってきたということではないでしょうか。

月額15万円程度の賃金で働けるのはどんな職種か

高齢者が働ける職種はいっぱいある

　高齢者が比較的取り組みやすい仕事は、次ページにあげたようにけっこうあるものです（順不同）。ちなみに、求人情報をみると、賃金は月15万円前後のところが多いようです。

　たとえば、比較的経験が少なくてもできる、マンション管理人などは、拙著『マンション管理人の仕事とルールがよくわかる本』（セルバ出版）でも紹介していますが、高齢者にはお勧めの仕事の1つではないかと考えます。

　ただし、マンション管理の仕事を、単なる受付、掃除と受けとると、誰にもできないことはないかもしれませんが、マンション管理をマンションの資産価値を守ってあげるんだというように、前向きに考える必要性もあります。

　そうなると、入居者との良好な人間関係の構築とか、マンションの修繕等も入居者と一緒になって考えるといった観点に立たなければならず、それまでの豊富な人生経験と人柄が仕事に与える影響力は想像以上に大きいと思います。

　たとえば、管理人をしているマンションで、上の階の子供の歩く音がうるさいので何とかならないかと相談を受けた際に、マンションの理事長に連絡するとか、または直接、上の階の人にその苦情を事務的に連絡すれば、場合によってはそのことで、上の階と下の階の住人でトラブルに発生してしまうかもしれません。

　このようなときに、人生経験豊かな管理人が両方の立場を理解したうえで、理事長の指導のもと解決にあたれば、その後の住民間のつき合い方も違ってくると思います。

◎高齢者にふさわしい仕事一覧◎

- マンション管理人　　●ビル管理人　　●ガードマン
- 学校等の用務員　　●ボイラーマン　　●守衛
- 店員　　●お手伝い　　●駐車場係　　●倉庫番
- 運転手　　●料金所の係員　　●配車係
- 一般事務　　●集金係　　●調査員　　●交通指導員
- 草刈り業務　　●翻訳　　●コンサルタント
- インストラクター　　●各種ライター　　●宛名書き
- 家屋などの解体作業員　　●植木の手入れ
- 秘書　　●清掃員　　●介護職員　　●調理師
- 農業　　●漁業　　●家事代行　　●工員
- 建設作業員　　など

　この例のように、高齢者ならではのメリットが活かされる仕事は多々あると思います。上にあげた仕事はある意味、高齢者の経験や体力的な視点からみても、十分に対応可能な仕事であり、ITでは代替できにくい業務ではないかと思います。

　老後の年金が十分ではないと思っている高齢者は、このような仕事にチャレンジすることによって、第二の年金を得られると考えるならば、生涯現役で送る人生100年時代には十分に対応できるのではないでしょうか。

　なお、高齢者でも就くことができる代表的な仕事を上にピックアップしましたが、これらの業務について、若手社員にやらせているとしたならば、高齢者雇用によって人件費を抑えることもできると考えます。

　そのような見直しを行なった結果として、高齢者雇用によって会社の生産性向上にも貢献するケースもあるのではないでしょうか。

多くの経営者は高齢者の能力を過小評価している

高齢者だから労働生産性は落ちるということはない

　日本の経営者の多くは、55ページに例示した【短所】ばかりをイメージして、これまで真剣に高齢者雇用については考えてこなかったのが現状です。「人生100年時代」と言葉では言っても、それを具体的にはイメージしてこなかったと思います。

　会社の経営において人生100年時代を現実的に考えるとすれば、高齢者の新規採用こそその実践であると思います。近年の脳科学の研究では、脳細胞は年齢によって衰退するのではなく、使えば使うほど活性化するというデータもあります。労働者も経営者も、歳をとれば老化していくものだと思い込み過ぎているのです。

　現に、80歳を過ぎても現役で元気に頑張っている、労働者や経営者はたくさんいます。肉体的にみれば、生産性が落ちることは事実でしょうが、その他の能力は決して劣ることはないと私は思っています。

　私の持論ですが、40歳を過ぎたら、そのあとはその人のやる気、気力がすべてではないかと思います。40歳のやる気のない人と80歳のやる気のある人とでは、肉体的な仕事を除けば、私は80歳の人のほうが労働生産性は上だと確信する次第です。

　また、高齢者を雇用する会社としては、腰痛防止のための作業方法を改善するとか、作業内容や作業量を事前に確認して無理をさせないとか、作業方法を平準化し、照明などの作業環境の改善等を行なえば、高齢者雇用は十分に可能性を秘めていると思っています。

　私は、前職の日本生命で、さまざまな拠点で仕事をしてきましたが、70歳、80歳の嘱託のいる拠点のほうが労働生産性は高かったことを経験しています。やはり人生の大先輩が職場のなかにいること

は、若い社員の励まし教育にもつながっていくと思います。

高齢者は現役世代とは仕事への意識が異なる

新たに採用した高齢者と現役の会社員の仕事に対する意識はかなり異なります。まず、定年前と定年後とでは、会社におけるストレスに対するスタンスが大きく変わると考えられます。

定年前であれば、自身の成長や昇格のために、多少無理をしても仕事の質や量などを追い求める傾向が強いでしょう。しかし、定年後は必要となる収入水準が低くなるため、過度なストレスを伴う仕事を行なう必要はないと感じ、むしろ、健康的な生活リズムでできる仕事に就いたり、利害関係の少ない人と穏やかに働きたいという願望が強くなってくるはずです。

特に健康への意識は強くなり、一概にはいえませんが、適度に体を動かす、いわゆる清掃などの業務にも満足感を感じるようになってくるようです。

多くの会社員は、平社員から係長、課長、部長、役員とキャリアを積んでいく人生を送りますが、定年後には、このようなキャリアを積むという考え方は通用しません。定年後の高齢者の多くは、気力や体力など自身の能力には一定の限界があることを感じてくるのではないでしょうか。

先日も、定年後の人の集まる会に参加して感じたことがあります。特に男性に多かったのですが、65歳前後の人でやる気力が起きてこないと嘆く人が多くいたのです。しかし、女性は70歳、80歳になっても、元気でやる気満々の人が多いのにはびっくりしました。

いずれにしても、前項であげた仕事一覧は、高齢者のビジネスとして男女ともに最適な仕事の1つになっていくはずです。

そもそも定年後の就業者は、定年前の就業者とは異なり、高収入や昇進を意識することはなくなり、働くこと自体や、会社や社会、地域の役に立つことなどに価値観を求めたりするようになって、仕事に対する意識が変わってくるのです。

高齢者比率の高い職種とは

🏢 70代、80代でもできる仕事がある

　総務省統計局の調査によると、2019年の65歳以上の高齢者就業者数は過去最多の892万人でした。これは、2004年以降16年連続で前年比増であり、2017年以降は団塊世代が70代に突入したことで、特に70歳以上の就業者数が増加しています。

　高齢者にふさわしい仕事は、61ページで紹介しましたが、70代、80代の高齢者にできる・向いている仕事にはどんなものがあるか、改めて以下に紹介します。

【マンション管理人】

　高齢者に人気のある仕事の1つで、主な業務内容はマンションの清掃や受付、業者の立ち会いや巡回などです。ほどよく体を動かすことができ、かつ体力的負担が少ない点で働きやすいのが人気のポイントです。高齢者ならではの対応力や経験が求められる仕事でもあるため、高齢者の需要が比較的高い仕事といえます。

【警備員】

　警備員は年齢・経験不問の求人が多く、高齢者にも始められる仕事の1つです。求人で多いのは、施設警備員や交通誘導員です。施設警備員は、商業施設や公共施設、病院などさまざまな場所での警備を担当し、交通誘導員は、工事現場や駐車場などで人・車両の誘導を行ないます。町中でもよく見かけられる職種です。雇用形態が幅広く、ライフスタイルに合ったさまざまな働き方を選びやすい点が特徴の1つです。

【清掃員】

　比較的、高齢者に向いている、かつ人気のある仕事です。商業施設やホテル、駅や新幹線車内など活躍の場は多岐にわたっています。

特に、女性のほうが家事のスキルを活かせて、仕事へのやりがいも感じやすい職種ではないかと思います。なんといっても、体力的負担はそれほど大きくなく、適度な運動にもなる点で、おすすめの仕事の1つです。

【軽作業】

　具体的には、工場や倉庫などでの梱包や仕分け、在庫管理などをメインに行なう仕事です。体力的には比較的軽めの作業となるため、高齢者には取り組みやすい仕事の1つです。派遣社員や契約社員、バイトやパートといった雇用形態も幅広く活用でき、自分のペースでゆったりと仕事をしたい高齢者に向いているといえます。

【ドライバー】

　運転免許があれば、ドライバーも高齢者に向いている仕事の1つです。ドライバーは運送業界などでは慢性的な人手不足であることから、年齢上限を設けていない求人も多くあります。とはいえ、安全運転が求められる仕事であることから、視力や健康に問題のない高齢者ならできる仕事といえるでしょう。

　なお、タクシードライバーや配達員などの職種も、多くの高齢者が活躍しています。75歳以上の高齢者には不向きかもしれませんが、運転スキルや健康状態に問題がない人にはおすすめの仕事です。

【一般事務】

　パソコンが使えるなら、データ入力や資料作成を行なう事務作業も高齢者にはぜひおすすめの仕事の1つです。事務の仕事は肉体労働ではないため、体力的には無理なく働くことができます。また、たくさんある事務仕事のなかには、たとえば、パソコンを扱わない受付業務を担当する事務もあるため、パソコンの扱いに自信がない人は、そうした事務仕事を見つけるのも選択肢の1つではないでしょうか。

フリーランスとして契約するのも選択肢の１つ

フリーランスの人と請負契約を結ぶことのメリット

意外と思うかもしれませんが、アメリカでは、就業人口のなんと３人に１人が個人事業主です。

アメリカでは、自身の才覚や技術力で社会的な独立を果たした個人事業主のことを「**フリーランス**」と呼んでいます。

日本では、テレビドラマ「ドクターX」で主人公がフリーランスの外科医として登場して大変話題になったこともあり、フリーランスという言葉はよく聞かれるようになりました。いまや新聞・テレビの報道などでも一般的用語として使われています。

私も、アメリカのフリーランス人口の事実には驚きましたが、それが現実です。

アメリカのフリーランスの強みは、「時間の融通がきく」「収入を増やしやすい」などにあると指摘されており、ＩＴ関係のエンジニアに限らず、ライターや報道などの分野にも広がりを見せているようです。そしてアメリカでは、フリーランスの人は「兼業」「副業」をしているケースがほとんどのようです。

実は、アメリカでは会社から突然解雇されることがよくあります。このようなことも、アメリカでフリーランスが浸透していった理由の１つだと思います。

日本では、労働基準法などの労働法によって、アメリカのように突然解雇されるようなことは少ないといえるでしょう。就業規則などで解雇事由を明確にしているなど、日本ではその根拠がないと安易に解雇することはできないからです。

しかし私は、日本でもこのフリーランスである個人事業主が将来

的には増えていくのではないかと思います。今後予想される空前の人手不足も、このフリーランス人口の拡大に連動していくのではないかと考えるのです。

　仮に、フリーランスの個人事業主が増加していくとすれば、働く人にとっては年齢など気にせずに働けるという新しい選択肢が生じることになり、高齢者を中心に増加していくのではないかと思うわけです。

　企業サイドからみても、社員ではなくフリーランスとして契約することは、雇用ではなくいわゆる「請負」となるので、特に、**専門性が必要とされる業務では即戦力**となります。また、社会保険は個人で国民健康保険などに加入することになるため、会社が社会保険料を半額負担する必要もありません。**人件費のコスト削減**にもつながるわけです。

　ただし、会社と社員の間なら適用される労働法は、フリーランスとの間には適用されませんから、契約更新時などにトラブルが発生するリスクがあり、それには十分に注意しなければなりません。

　アメリカで流行ったものは、数年後には日本でも浸透していく傾向があるといわれることがあります。したがって、日本でもやがてアメリカのように働く人の3人に1人がフリーランスという時代がやってくるかもしれません。

　一方で、資本集約型の人材が多く必要な会社では、やがては外国人労働者などで占められていくのではないかとの予測もあります。

　ちなみに、総務省統計局の調査資料によれば、2022年3月現在の日本の個人事業主は、労働力人口6,864万人のうち494万人とまだ1割にも満たない状況です。

　現状では、まだ人手不足は高齢者雇用で補わないとなりませんが、高齢者雇用と同様、フリーランスも国が推進している制度でもあるため、高齢者のフリーランス化は今後増加していくのではないかと思います。

中小企業なら、65歳、70歳の新規採用も考えるべき時代に

パート採用だけでは人手不足対策にはならない

人手不足対策といえば、どこの会社も新卒などの若い社員を求人するというのが一般的でしょう。たとえば、ある大手企業の初任給が月25万5,000円から30万円に上がったなどの報道をみると、上場企業と中小企業の賃金格差はどんどん拡大しています。

中小企業で、求人に30万円を提示することは、それに伴って既存社員の賃金水準も上げなければならず、とても実施できないというのが現実です。

そこで、次の求人対策として考えられるのは、家庭の主婦層をターゲットとした「パート求人」ではないかと思います。

ただし、パートタイマーには「年収130万円などの壁」（常時101人以上の特定適用事業所では106万円）があります。これは、パートで年収130万円を超えると、会社員である夫の被扶養者（パート従事者本人の社会保険料負担は0）から外れることによって、本人が社会保険に加入して社会保険料を負担することになり、税金が多くなってくるケースも生じるというしくみです。

そこで、パートに従事している主婦などは、なんとか年収130万円を超えないように労働時間を制限して働くわけです。当然、パートを採用する企業からすれば、短時間でしか働いてもらえないので、パート従業員を増やすなどの対応が必要になります（ただし、この「パートの130万円などの壁」については、それを是正する案を検討中で、令和5年秋ごろには明らかになるようです）。

高齢者はどのように募集したらよいか

人手不足対策には、「外国人雇用」もありますが、外国人を採用

すると、日本人雇用の約２倍ほどの労務管理が、入国管理局の定め
によって要求されます。また、在留期間が２年とか３年経過すると、
常に在留期間の更新が必要になってきます。

　以上のような、現在の日本における求人の状況を考えるならば、
本書で繰り返し述べているように、定年再雇用者だけではなく、高
齢者の新規雇用ということが、特にこれからの中小企業にとっては、
求人のキーワードになってくるのではないでしょうか。

　では、高齢者をいざ募集するとなった場合、どんな求人媒体があ
るかというと、主に以下の活用が考えられます。

【ハローワーク】

　厚生労働省管轄の公的機関であるハローワーク（公共職業安定所）
は、各市区町村に設置されており、求人者にとっては地域に密着し
た仕事を探すことができ、一番身近な求人機関です。高齢者向けの
求人も多く、かつ就業支援のサポートや相談を無料で受けることも
できます。企業サイドからみれば、高齢者を募集するには一番のお
すすめといっていいでしょう。

【求人サイト】

　求人サイトからの募集であれば、さまざまな条件から希望に合っ
た高齢者を探しやすいでしょう。ただし、年齢不問の求人であって
も、現実問題として高齢者が採用される確率はまだまだそう高くは
ありません。そのため、求人サイトで高齢者を募集する場合は、高
齢者向けの求人サイトの活用がおすすめです。

　高齢者向け求人サイトであれば、高齢者の採用を前提とした求人
のなかから高齢者を探すことができるため、採用率も高まります。

【シルバー人材センター】

　１章でも紹介しましたが、シルバー人材センターは、高齢者が働
くことを通じて生きがいを得ること、そして地域社会の活性化に貢
献することを目的としています。シルバー人材センターは、各都道
府県に設置されているため、最寄りのシルバー人材センターに出向
くことにより、高齢者を紹介してもらうことができます。

定年後に働いていない高齢者にアプローチを

　定年後は年金収入のほかに、役員収入とか不動産収入などがあり、働かなくても余裕のある生活を送ることのできる高齢者もいます。

　何もしないで悠々自適といった人もいるでしょうが、なかには、地域のボランティア活動に参加したり、在職中にはできなかった家庭菜園やガーデニングに挑戦したり、あるいは趣味を活かしてカルチャースクールに通ったり、テニスや卓球、ボウリングなど高齢者でもできるスポーツに打ち込む人もいるでしょう。

　これらのことを通して、健康や体調管理に注意しながら社会とのかかわりを積極的に持つことは、定年後の過ごし方として有意義だと思います。

　しかし、私はこうした過ごし方は、毎日行なうとは限らないし、日々の生活のなかでやらなければいけないという「義務」が発生しているわけではありません。

　人はやはり、朝、起きたときにやらなければならないことが、必ずあるというのが一番重要ではないでしょうか。毎日やるべき「義務」があれば、ある意味、目標をもって過ごすことにもなります。

　特に男性は、定年後には世間との付き合いも少なくなり、毎日朝から晩までテレビを見て過ごしているといった話もよく聞きます。

　したがって私は、高齢者の人には、もしプライドがあって働くことを避けているのであれば、そんなプライドは捨てて、ぜひ短時間労働の小さな仕事にもチャレンジしてほしいと思います。若い人と一緒に切磋琢磨して働くことが、健康維持や老後の豊かな生活にもつながるはずです。

　もし、社員の親戚や知人のなかに、そんな高齢者がいるようでしたら、その人を紹介してもらって採用のアプローチをかけてみるのも、高齢者雇用の1つの方法になるのではないでしょうか。

3章

....

高齢者の人事制度は
ジョブ型雇用で時給制がベスト

複雑な人事・賃金制度は
不要です。

高齢者こそ
ジョブ型雇用がふさわしい

なぜ高齢者にはジョブ型雇用が最適なのか

　定年後に再雇用する場合の賃金は「**職能資格制度**」を採用している企業が多いと思いますが、高齢者を新規採用するケースでは、わかりやすいアメリカの賃金制度のような「**ジョブ型雇用**」にもとづく賃金制度がベストと考えます。

　「職能資格制度」とは、職務遂行能力について人事評価を行ない、その評価結果を賃金に反映させる制度です。

　一方、「ジョブ型雇用」とは、職務を明確にしてその職務に最適な人材を採用する制度です。ジョブ型雇用による賃金は「**職務給**」ですから、いってみれば賃金は職務の代価であり、人ではなく職務に対して賃金を支払うと考えます。

　ちなみに、アメリカの賃金制度では以下の３つの視点から賃金を決めているようです。

---

①**内的公正の原則**…社員が担当する職務について、企業にとっての価値に応じて賃金を支給する
②**個人間公正の原則**…個人の業績を評価して、賃金を支給する
③**外的公正の原則**…社員には世間相場の賃金を支給する

　このなかで、注目すべきは、③の「外的公正の原則」です。

　アメリカでは、賃金を決定するときは、賃金の世間相場を知るために他企業の賃金情報を収集しなければならないので、自ら賃金調査を実施したり、外部の賃金調査に参加してその調査結果を受け取ったり、あるいは人事コンサルタント会社の賃金情報を購入して、賃金を決定しています。

　日本では、厚生労働省の賃金センサス（年齢等の別にまとめた平均収入）や、各商工会議所や労働基準監督署などが公表している賃金資料があるので、賃金データは購入しなくても入手可能な状況にあります。

　私は、高齢者の賃金を決定する際には、アメリカのように、世間相場というものをもっと的確に分析して、ジョブ型雇用によって賃金を設定していけばいいのではないかと思います。

　世間相場と比較して賃金を設定しているので、働く高齢者も納得できるのではないでしょうか。

　ジョブ型雇用によって賃金を決定する際には、職務を以下の4つのタイプに分けたらいかがでしょうか。

> タイプ①：定年再雇用する際は原則として定年前と同じ職務
> タイプ②：未経験も含めた新しい職務
> タイプ③：短時間勤務のパートなどの職務
> タイプ④：専門性が高くノウハウが高度な職務

　そして、上記のタイプ別に以下の4つの視点から個別に賃金額を決めていきます。

　　　　　　　　　　本人の能力

　世間相場の賃金　　　　　　　　　自社の資金バランス

　　　　　　　最低賃金法にもとづく
　　　　　　　最低賃金（時給）

定年再雇用者のような
複雑な人事制度は不要

高齢者に昇格・昇給は必要ない？

　前述したように、大企業では定年再雇用者の人事制度では、職能資格制度を運用している会社が多いですが、中小企業の高齢者雇用においては、そのような複雑な人事制度は不要です。

　高齢者の場合、基本的に「○年後には部長になりたい」とか「もっと給与を上げたい」という願望は、現役社員と比べてみれば希薄のはずです。

　たとえば、定年前に部長だった66歳の人を新規雇用する場合、その人は、「この職場でも部長になりたい」とは考えていないでしょう。高齢者の大半は、健康維持と年金不足額を補うために働いているのであり、従業員の能力に応じて賃金を支払うという**職能資格制度自体、意味がない**のです。

　高齢者向けの昇給制度を考えるなら、清掃の業務であれば、業務量の実績に応じて賃金を引き上げる、といった単純な考え方でよいと思います。

　そもそも人事制度とは、その会社における昇進・昇格を決めるときの考え方を定めたルールです。高齢者雇用においてはそのルールは必要ないので、**働きやすい職場環境を整備するためのルールをつ**くるほうが重要になってきます。たとえば、書類は大きい字で対応するとか、体力を考えて極力、危険な業務をさせない、といったルールです。

　したがって、主婦や学生の「パート・アルバイト雇用」に近いのではないかと思うかもしれませんが、高齢者雇用はモチベーションに関して、パート雇用などとはかなり異なる職種です。

　パートで働く主婦の場合は、生活費を補うためとか、子供が小さいのでパートでしか勤務できない、といった事情でパート勤務を選択している人が多いでしょう。

　しかし、高齢者雇用で働くことになる人は、人生におけるおそらく最後の仕事であり、いつまで元気で働けるかわからないといった不安を常に抱えながら勤務しています。

　現在68歳の私は、生涯現役のつもりで働いていますが、やはり、知人が亡くなったという話を聞くと、感慨深いものがあります。高齢者はそのようなリスクを抱えながら働いているということを理解しておく必要があります。

　働く60歳以上の人は、その半分以上が仕事に満足しているといった調査データもありますが、高齢者雇用においては、マズローの「**欲求５段階説**」（15〜19ページ参照）にあるように、最終的には人は、自己超越欲求である他者への奉仕に、その思いは変化していくのではないでしょうか。

　その結果、現役世代では仕事の満足度は約４割しかないのに、歳を重ねるとともに満足度は上昇していくのだと考えます。

　したがって繰り返しになりますが、高齢者雇用には能力開発とか複雑な人事制度などは考えず、依頼した業務をできるかどうかといった視点で、雇用対策を考えるべきだと思います。

　ただし、73ページにあげた60歳定年で65歳まで再雇用されるようなタイプ①のケースでは、定年前の人事制度が再雇用後も継続されている会社もあると思います。定年再雇用者についても、基本的には定年時の評価によって時給による賃金を決めて、その後は１年ごとに更新するスタイルが、私はベストではないかと思います。

　また、高齢者を新規雇用する場合は、タイプ②またはタイプ③の職種が多いでしょうが、経験のない高齢者が大半と思われるので、世間相場の時給単価をもとに賃金を決めて、その後はやはり１年ごとに更新することによって、賃金を改定していくといった制度がベストではないでしょうか。

新規の高齢者採用の賃金は
時給によるのがベスト

🏢 地域ごとの最低賃金は厳守しなければならない

新規に雇用した高齢者の賃金は、月給がいいのか、時給でもよいのか、考えてみたいと思います。

都道府県ごとに定められている「**最低賃金**」は、毎年引き上げられ、東京都の令和4年度は1,072円で、全国平均でも961円になりました。令和4年度の引上げ額は過去最高です。そして新聞報道によれば、令和5年度の全国平均は1,004円と、いよいよ1,000円を突破することになったようです。

しかし、昨今のインフレ・物価高では、この過去最高の引上げでも、まだまだ低いというのが、一般的な感覚だと思います。

東京都であれば、令和4年度の最低賃金額は1,072円なので、1日8時間労働で月に21日勤務する場合は、「1,072円 × 8 × 21 = 180,096円」となります。

月給制で支給している場合に、通勤手当や家族手当などを除いて、所定労働時間から計算した1時間あたりの単価が「1,072円」を下回っていると、最低賃金法に違反していることになります。

では、この「18万円」という金額をどのように思われますか？

ちなみに、私の地元石川県では、この金額は入社間もない高卒正社員と同等の金額です。

🏢 賃金制度は時給のほうがシンプルでわかりやすい

労働時間が正社員よりも短い勤務条件の高齢者雇用の場合は、私は「時給」によって賃金を決めるのがよいと考えます。なんといってもわかりやすく、残業代などの計算も簡単だからです。時給制は、賃金支払いの計算方法としては、簡単でわかりやすくて合理的であ

るなど、最も理にかなった支給形態ではないかと思います。

　月給制だと、月ごとの勤務日数が異なっても賃金額は同じですが、残業代の計算は、特に変形労働時間制などを採用していると、複雑になってきます。

　高齢者はもちろん、パート・アルバイトのような非正規社員でも、職種が決まっていて勤務時間が短時間であればやはり、月給制よりは時給制のほうがベストの支払い方法だと思います。

　実は、私は正社員についても、月給制ではなく時給制にしてもよいのではないかとさえ思っています。

　全社員に対して時給制で賃金を支払うことになると、勤務時間はしっかり管理しなければなりませんが、残業代の計算が簡単であり、会社として休みの多いゴールデンウイークのある5月とか夏期休暇のある8月、年末年始休暇のある12月・1月などは勤務時間が少なくなるのでその分、人件費も少なくてすみます。

　時給制の場合、社員ごとに時給単価をどのように決めていくかは重要なポイントですが、非常にシンプルなしくみで賃金制度を運用できるようになります。

　採用された高齢者も、月ごとの自分の勤務時間はわかるので、もらう賃金額も簡単に計算できます。

　私の前職は保険会社で月給制でしたが、なぜこのような金額になるのか、給与明細を何度見ても理解に苦しんだ経験があります。本書の読者のなかにも、同じような経験をされた方がいるのではないでしょうか。

　このように考えていくと、時給制は、高齢者に限らず正社員にも導入することは、決しておかしなことではありません。ある意味、経営者と従業員の間で賃金額がガラス張りになり、最も不平不満の生じない合理的な賃金制度であると、私は思っています。

　正社員にまで時給制を適用するかどうかは、本書の趣旨からは離れますが、この本を手に取られた社長さんには今後、検討いただければ幸いです。

高齢者雇用における
賃金計算のシミュレーション

【①賃金10万円前後のときのシミュレーション】

$\begin{pmatrix} 男性　67歳／妻あり（扶養）／東京都在住 \\ 時給1,100円／労働時間　1日5時間／月21日勤務 \end{pmatrix}$

● 賃金月額……1,100円×5×21＝115,500円

● 雇用保険料…115,500円×6/1,000＝693円

● 所得税………0円

● 手取り額……114,807円

　月の賃金が10万円前後の場合、労働時間は週20時間以上30時間未満となるので、社会保険は雇用保険のみの加入で、所得税はかかりません。

　気になるのは、在職老齢年金制度による、給与と老齢厚生年金との調整ですが、社会保険（健康保険および厚生年金保険）の加入対象者ではないので調整されることはなく、年金は満額支給です（ただし、常時101人以上の特定適用事業所では、週20時間以上で要件を満たせば社会保険に加入）。

【②賃金15万円前後のときのシミュレーション】

$\begin{pmatrix} 男性　67歳／妻あり（扶養）／東京都在住 \\ 時給1,100円／労働時間　1日7時間／月21日勤務 \end{pmatrix}$

● 賃金月額……1,100円×7×21＝161,700円

● 雇用保険料…161,700円×6/1,000＝970円

● 社会保険料…健康保険8,000円＋厚生年金14,640円＝22,640円

● 所得税………990円

● 手取り額……137,100円

　1週30時間以上の勤務になるので、社会保険の加入対象者となり

ます。ただし70歳になると、厚生年金保険の加入対象者ではなくなるので厚生年金保険料は生じません。

【③賃金20万円前後のときのシミュレーション】

$$\begin{pmatrix} 男性 & 67歳／妻あり（扶養）／東京都在住 \\ 時給1,200円／労働時間　1日8時間／月21日勤務 \end{pmatrix}$$

- 賃金月額……1,200円×8×21＝201,600円
- 雇用保険料…201,600円×6/1,000＝1,210円
- 社会保険料…健康保険10,000円＋厚生年金18,300円＝28,300円
- 所得税………2,140円
- 手取り額……169,950円

　フルタイム勤務で労働時間は1週30時間以上になるので、社会保険の加入対象者となります。ただし70歳になると、厚生年金保険は加入対象者ではなくなります。

　以上、3つのケースをみてきましたが、②と③のときは、夫は健康保険に加入することになるので、妻が被扶養者であれば妻の健康保険料の負担はありません。ただし、国民年金保険料の免除については夫が65歳までです。

　67歳男性について、賃金と社会保険との関係もみてきましたが、社会保険（厚生年金保険）の加入者となると、年金との調整の対象となります。ただし、老齢厚生年金の年金月額と総報酬月額との合計額が48万円を超えなければ、年金は支給停止されません。

　上記ケースのように、賃金月額が20万円以下の場合には、年金との調整に該当するようなケースはほとんどないでしょう。なぜなら、老齢厚生年金を月に約28万円以上も受給するのは、厚生年金基金などから高額の年金をもらっていない限り、考えられないからです。

　ただし、役員報酬で100万円などの高額報酬を受給している場合には、老齢厚生年金はいつまでも支給停止の状況が継続します。老齢基礎年金は、賃金をいくらもらっても調整の対象にはなりません。

高年齢雇用継続基本給付金と 高年齢再就職給付金とは

高年齢雇用継続基本給付金のしくみ

　定年再雇用の場合、60歳時の賃金から75％未満になったときには、「高年齢雇用継続基本給付金」が受給できるケースがあります。

　定年60歳の後に再雇用するときに、賃金額を３割とか４割ダウンして再雇用契約を結ぶ会社が現在も多くあります。そのときに、雇用保険被保険者期間が５年以上あり、賃金が60歳時点の75％未満になっていればこの給付金を受給できるというしくみです。

	現行	改正後（令和7年4月より）
支給対象となる賃金低下率	75％未満に低下した場合	75％未満に低下した場合
最大支給率になる賃金低下率	61％以下	64％以下
最大支給率	15％	10％

　上表のように賃金が61％以下にダウンすると、支給率は15％と最大になります。たとえば、60歳時賃金が45万円で、再雇用で４割ダウンして27万円になれば、27万円の15％である「40,500円」が高年齢雇用継続基本給付金として65歳まで受給できます。

　また、この受給額は非課税である魅力のある制度ですが、令和７年には最大給付率が15％から10％に大幅にダウンして、いずれ廃止される予定になっています。

高年齢再就職給付金のしくみ

　新規に高齢者雇用された場合には、「高年齢再就職給付金」を受給することができます。上記給付金としくみは似ていますが、受給要件は次のように厳しくなっています。

- 60歳以上65歳未満で再就職した一般被保険者であること
- 1年を超えて引き続き雇用されることが確実であること
- 再就職する前に雇用保険の基本手当を受けて、その受給期間内に再就職し、かつ支給残日数が100日以上あること
- 直前の離職時において被保険者期間が通算して5年以上あること

　また、支給対象期間は基本手当の支給残日数が200日以上のときは2年間、100日以上200日未満のときは1年間となっています。支給額については、前記の定年再雇用における高年齢雇用継続基本給付金と同じ金額です。

　以上のように、定年再雇用のケースでは賃金がダウンしていれば受給できるケースが多いと思われますが、新たに就職したときに受給できるケースは少ないかもしれません。

　仮に、63歳で退職し、新しく就職した先の賃金が20万円で、直前の離職時の賃金が35万円であれば、4割以上ダウンしているので高年齢再就職給付金（20万円の15％である）3万円を2か月に1回、ハローワークに申請して2か月分ずつ受給できることになります。

　新規で高齢者を採用するときは、上記のような給付金制度の活用も考えてみてはいかがでしょうか。

　ただし、基本手当100日分以上を残して働くよりは、基本手当100日分を消化して就職するということも選択肢の1つです。

　また、これらの制度は60歳以上65歳未満の人が受給できるものであり、65歳以上になると賃金減額に関連した給付金はなくなります。

　二番目に紹介した高年齢再就職給付金については、ご存じでない社長さんも多いかもしれません。

　新規に高齢者を雇用するときは、面接時に前職の賃金額などをヒアリングして、このような制度があることを教えてあげるといいでしょう。高齢者からみれば、賃金が月20万円としても給付金を加算すると、実質賃金が23万円になったと考えられます。採用する際に有利に働く情報ですので、活用するといいでしょう。

3-6 高齢者雇用に協力してくれる 協力者のネットワークづくりを

シルバー人材センターの求人ではうまくいかない?

シルバー人材センターを活用して高齢者を雇用する際には、請負、委任、派遣、職業紹介などいくつかの選択肢があります。

そのなかで多い契約は「**請負**」によるもので、草刈り、清掃、調理作業、エアコン・換気扇の清掃など業務は数多くありますが、毎日勤務する雇用となると、ハローワーク（職業安定所）の求人や、民間の求人情報によるケースが主体になってくると思います。

仮にあなたの会社でも、本格的に高齢者の雇用を考えているとすれば、ハローワークか民間の求人情報を媒体とするのが一般的です。

では、中小企業の場合に、どのような高齢者の求人対策を立てたらよいかですが、あなたの会社で働いてくれる人を紹介してくれるお客様づくりもしていくという視点が必要ではないかと思います。

きわめてアナログ的なやり方ですが、日頃からあなたの会社のお客様・従業員、あなたの友人・知人などに、会社をPRすることと同時に求人のお願いも継続的にしておくのです。

できれば、求人紹介の特約店・協力者のようなイメージで、紹介してくれた人には必ずお礼をします。

お客様などからの情報が必ずあなたの会社に流れるようにしておくのは当然のこととして、もちろん平行してハローワークやインディードなどの求人対策や、会社のホームページに求人情報欄を開設することなども必要です。

私がかつて保険会社で行なってきた人海戦術も、中小企業では有効な対策になると思われます。とかく求人というと、ハローワークなどが思い浮かびますが、あなたの知人らによるオール求人特約店・協力者化という新しい発想で取り組んでみるのです。

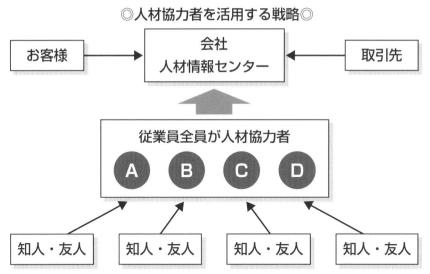

◎人材協力者を活用する戦略◎

- 人材情報協力者に情報提供のつど会社からお礼をする
- 人材協力者または人材候補者に定期的に簡単なハガキを送る

　私は保険会社時代に、このやり方で職員数を増やしてきました。このやり方を実践すれば、たとえば、知人の会社でやむなく退職した高齢者とか、高齢者で仕事を探している人があれば、一番最初にあなたの会社に情報提供してくれるかもしれません。

　また、知人とつながっているネット関係からの情報をキャッチすることも期待できます。知人からの紹介であれば、ある程度は採用予定者の情報も得られるので、採用のミスマッチは減少していくと思います。

　さらに、あなたの会社の従業員が求人協力者化していくことも期待できます。従業員の紹介であれば、ある程度は信用できるので、安心して採用できると思います。またそのような人は、入社後にトラブルを起こすリスクもないといっていいでしょう。

　このような求人対策は一見時代遅れのように感じるかもしれませんが、このような取組みをすることによって、お客様に対しても会社のPRにもなるのではないかと思います。

3-7 高齢者の雇用契約は 毎年更新の有期契約がベスト

必ず労働条件を明示して労働契約書を結ぼう

60歳以上の高齢者を採用するときは、どのような雇用条件で採用するのかをあらかじめ決めておく必要があります。

労働基準法では、雇用時には「**労働条件通知書**」などの交付が義務づけられていますが、中小企業では、まだ口頭での契約になっているケースもあるようです。しかし雇用に関する契約書は、パートなどで雇用している人にももちろんのこと、高齢者雇用を実施する際にも、必ず交付してください（次ページのサンプル参照）。

ちなみに、労働基準法では次のように定められています。

> **第15条**　使用者は、労働契約の締結に際し、労働者に対して賃金、労働時間その他の労働条件を明示しなければならない。この場合において、賃金及び労働時間に関する事項その他厚生労働省で定める事項については、厚生労働省で定める方法により明示しなければならない。
>
> **2**　前項の規定によって明示された労働条件が事実と相違する場合においては、労働者は、即時に労働契約を解除することができる。
>
> **3**　（省略）

高齢者を雇用するときは、新たに労働契約を締結して労働条件を明示することが必要になるわけですが、高齢者雇用では最長5年の有期契約もできます。しかし基本的には、契約は1年ごとに更新するのがベストだと思います。毎年、健康面なども十分に確認して更新することは、高齢者も納得してくれるはずです。

◎高齢者雇用の際の「労働契約書」のサンプル◎

労働契約書（高齢者雇用）

契約期間	自令和　　年　　月　　日　至令和　　年　　月　　日　又は　　期間の定めなし		
就業場所	本社		
従事すべき業務の内容			
勤務時間	始業・終業の時刻	時　　　　分より　　　　　時　　　　分まで	
	休憩時間	時　　　分より　　　　時　　　分まで	
休日	毎週日曜日・祝祭日　（その他、会社カレンダーによる）		
賃金	給与区分	時給	
	基本給	時給　　　　　　　　　　　円	
	諸手当	手当　　　　　　円	
		手当　　　　　　円	
		通勤手当　1．全額支給　2．定額支給　　　　　　　円	
	割増賃金率	労働基準法に従い支払う。実働8時間を超えたら法定時間外手当25％など	
	社会保険加入状況	社会保険　（社会保険適用の労働時間数のときは加入する）	
		雇用保険　（週20時間以上で、1か月以上勤務するときは加入する）	
		労災保険　（全員加入）	
	有給休暇	労働基準法に従い与える	
	その他条件	賞与　（有・無）　　　昇給　（有・無）　　　退職金　（有・無）	
	締切日／支払日	毎月　　　日　締切　／　当月　　　日　支払	
	更新条件	無　（更新はしない）	
		有　（会社の経営状態、本人の能力等を総合的に勘案して、更新することがある）	
その他	労働契約期間中に自己都合で退職するときは遅くとも30日前までに、会社に報告し、承諾を得なければならない。会社の従業員としての適格性に欠けるときや、就業規則の解雇理由に該当するときは、契約期間中でも解雇することがある。雇用に関する相談窓口は社長が担当するものとする。		

　　　年　　　　月　　　　　日

　　　　　　　　　　　　　　　労働者　氏名 ＿＿＿＿＿＿＿＿＿＿＿㊞

　　　　　　　　　　　　　　　　　　　住所 ＿＿＿＿＿＿＿＿＿＿＿

　　　　　　　　　　　　　　　事業主　名称 ＿＿＿＿＿＿＿＿＿＿＿

　　　　　　　　　　　　　　　　　　　氏名 ＿＿＿＿＿＿＿＿＿＿＿㊞

採用時の賃金（時給）の決め方

🏢 定年再雇用なら定年時の賃金を基準にできる

　2021年4月の法改正により、日本の定年制度は、65歳までの雇用確保義務に加え、65歳から70歳までの就業機会を確保する措置を講じることが努力義務として新設されました。

　したがって定年再雇用は、本人が希望すれば65歳ではなく、70歳まで継続されるケースも今後多くなってくると思われます。

　定年再雇用であれば、60歳や65歳などの定年時の賃金を基準額として、定年時点での仕事ぶりを評価することによって、その評価割合に応じた金額を再雇用後の賃金とすることが可能です。このように決めることにすれば、大変わかりやすいですし、スムーズに運用することができると思います。

　たとえば、再雇用する際の評価基準の一例として次のようなものを考えてみました。これは一例ですから、もちろんそれぞれの会社独自の判断で決めればいいと思います。

```
━━━━━【再雇用する際の「再雇用評価基準」の参考例】━━━━━
    ＜評価基準＞              ＜再雇用評価率＞
  ●常にできている            80％～110％
  ●平均的にできている         60％～80％
  ●できないことがよくある      40％～60％
```

　ちなみに、定年再雇用の場合の雇用契約は、60歳定年なら65歳までの契約とするか、1年または6か月ごとに更新する契約でもよいと思います。会社のリスクを考えれば、1年または6か月ごとの更新契約がベターですが、毎年の更新が再雇用者のモチベーションを大幅にダウンさせているという調査結果もあるので、それも考慮し

たほうがよいかもしれません。

高齢者の新規雇用なら世間相場をもとに決める

　定年再雇用の場合は、このように定年時に「再雇用評価率」を設定して再雇用後の賃金を決めることが可能です。たとえば、定年時の賃金（基本給など）が50万円で、再雇用評価率が80％であれば、「50万円×80％＝40万円」が再雇用後の賃金になるわけです。

　これは、60歳時の賃金額を基準として再雇用後の職務給である賃金を決めるという方法ですから、会社にとっても再雇用者にとっても、大変にわかりやすい決め方です。でもこれは、同じ会社で継続雇用するからできる方法です。再雇用後の賃金の払い方は、定年前同様に月給制のままとすることが一般的でしょう。

　では、60代の高齢者を新規採用する場合はいかがでしょうか。3－1項と3－3項で、新たに高齢者を採用する場合は、**ジョブ型雇用にもとづく「時給制」**がよいと説明しました。

　採用する高齢者が、以前に勤務していた会社のときと同じような職種であれば、以前の会社の定年退職時の賃金をベースにして賃金額を決めるのも1つの方法です。でも、それは確認しづらいでしょうし、そもそも前職の仕事ぶりがわからないわけですから、「再雇用評価率」を設定して運用することはできません。

　そこで、これも繰り返しになりますが、高齢者の新規雇用では以前に経験したことがない仕事に就いてもらうケースも多いので、世間相場の水準から時給単価を決めていくやり方がベストではないかと思います。

　なお、世間相場を考えるうえで私が注目しているのは、厚生労働省が1948年以来、毎年実施している「賃金構造基本統計調査」のデータです。この調査のなかの「臨時労働者の職種（小分類）別1時間当たり決まって支給する現金給与額」は、職種別の時給データですから参考になります。厚生労働省のホームページで検索して確認してみてください。

雇用契約の更新時には評価をして賃金を改定する

契約更新時の評価は簡単なものでよい

　新規採用した高齢者の雇用契約では、基本的に1年後ごとに更新するのがベターではないかと考えます。65歳、66歳、67歳と歳を重ねることにより、体力面もメンタル面も変化し、仕事にも影響を与えていくのが一般的です。

　定年後の再就職では、体力と気力を中心に仕事に関する能力は徐々にダウンしていき、仕事のボリュームも徐々に小さくなっていく傾向があります。

　したがって、1年ごとの契約更新の際には、会社は本人と面談し、日常の勤務態度や仕事の習熟度、そして本人のやる気などを評価して、その評価に応じて必要があれば時給額の改定も検討します。

　このときに、現役社員に行なっているような複雑な評価制度などは不要です。高齢者の場合は、次の3つの視点から判断します。

①与えられた仕事ができるか
②体力的な問題はないか
③やる気があるか

　高齢者雇用の課題は、採用した人は何歳まで契約更新が可能かということです。それは職種によっても違ってくるでしょうが、人生100年時代といわれている現在、とりあえず80歳までとするのが、これからのビジネスモデルになっていくのではないかと考えます。

年金の繰下げ受給のことも知っておこう

　新規に採用する高齢者のなかには、定年退職時にもらった退職金

◎年金を繰下げ受給したときの年金の増額割合・早見表◎

（令和4年4月以後適用。数字は％）

年齢＼月	0か月	1か月	2か月	3か月	4か月	5か月	6か月	7か月	8か月	9か月	10か月	11か月
65歳	100.0	100.0	100.0	100.0	100.0	100.0	100.0	100.0	100.0	100.0	100.0	100.0
66歳	108.4	109.1	109.8	110.5	111.2	111.9	112.6	113.3	114.0	114.7	115.4	116.1
67歳	116.8	117.5	118.2	118.9	119.6	120.3	121.0	121.7	122.4	123.1	123.8	124.5
68歳	125.2	125.9	126.6	127.3	128.0	128.7	129.4	130.1	130.8	131.5	132.2	132.9
69歳	133.6	134.3	135.0	135.7	136.4	137.1	137.8	138.5	139.2	139.9	140.6	141.3
70歳	142.0	142.7	143.4	144.1	144.8	145.5	146.2	146.9	147.6	148.3	149.0	149.7
71歳	150.4	151.1	151.8	152.5	153.2	153.9	154.6	155.3	156.0	156.7	157.4	158.1
72歳	158.8	159.5	160.2	160.9	161.6	162.3	163.0	163.7	164.4	165.1	165.8	166.5
73歳	167.2	167.9	168.6	169.3	170.0	170.7	171.4	172.1	172.8	173.5	174.2	174.9
74歳	175.6	176.3	177.0	177.7	178.4	179.1	179.8	180.5	181.2	181.9	182.6	183.3
75歳	184.0	184.0	184.0	184.0	184.0	184.0	184.0	184.0	184.0	184.0	184.0	184.0

について当面つかう予定もなく、さらに再就職で賃金をもらうので、65歳から受給できる年金を繰下げ受給にしたいと考えている人もいるかもしれません。

上表は、年金の繰下げ受給を申請することにより、通常の65歳からの受給を100とした場合に、年金額が増える割合を示したものです。繰り下げると、月に約7％の年金が増額することになるので、たとえば、年金の受給開始を75歳からにすれば、受給額は1.84倍に増えます（逆に65歳前に繰上げ受給にすれば年金は減額します）。

経営者や担当者が年金の繰下げ受給のことを知っておくと、高齢者の採用時や65歳前の契約更新時などにアドバイスできることにもなります。

高齢者雇用向けの賃金制度は
シンプルが一番！

職種などのタイプ別に賃金を設定してみよう

　ここまで解説してきたことにもとづいて高齢者を雇用する際の賃金制度（年齢ごとの時給額）を作成すると、下表のようになります。

　タイプの区分は、73ページであげた4つのタイプにもとづいています。タイプ①は定年再雇用者ですから、前述したように月給制の会社が多いはずですが、ここでは他のタイプに合わせ、時給制としています。時給制のほうがシンプルでわかりやすいからです。

◎高齢者向けのシンプルな賃金制度のモデル例◎

タイプ	I 型　初級高齢労働者								
	60歳	61歳	62歳	63歳	64歳	65歳	66歳	67歳	68歳
タイプ① （定年再雇用）	1,500	1,525	1,550	1,575	1,600	1,625	1,650	1,675	1,700
タイプ② （新しい職務）	1,100	1,125	1,150	1,175	1,200	1,225	1,250	1,275	1,300
タイプ③ （短時間パート）	1,000	1,025	1,050	1,075	1,100	1,125	1,150	1,175	1,200
タイプ④ （高度な専門的職務）	1,800	1,800	1,800	1,800	1,800	1,800	1,800	1,800	1,800

また、タイプ④の人についても、時給制のほうが合理的であると考えます（ただし、採用後の賃金改定は想定していません）。

時給単価については、タイプ①を除いては世間相場を基準に決めますが、タイプ①〜③の人は、契約更新時に行なう仕事の習熟度の評価に応じて、毎年25円ずつ昇給することにしています。もちろん、一律に昇給していくことはないと思いますので、これはあくまでも一例です。このほかに「職能手当」（3,000円〜3万円）を支給することもあります。

なお、表にある用語の意味は次のとおりです。

● Ⅰ型初級高齢労働者…60歳以上69歳までの高齢労働者
● Ⅱ型中級高齢労働者…70歳以上74歳までの高齢労働者
● Ⅲ型上級高齢労働者…75歳以上の高齢労働者

	Ⅱ型 中級高齢労働者						Ⅲ型 上級高齢労働者					
69歳	70歳	71歳	72歳	73歳	74歳	75歳	76歳	77歳	78歳	79歳	80歳
1,725	1,750	1,775	1,800	1,825	1,850	1,875	1,900	1,925	1,950	1,975	2,000
1,325	1,350	1,375	1,400	1,425	1,450	1,475	1,500	1,525	1,550	1,575	1,600
1,225	1,250	1,275	1,300	1,325	1,350	1,375	1,400	1,425	1,450	1,475	1,500
1,800	1,800	1,800	1,800	1,800	1,800	1,800	1,800	1,800	1,800	1,800	1,800

賞与支給の可否と社会保険加入の実務

高齢者への賞与支給は必要ではないか

　私は現在68歳ですが、もし再就職して短時間勤務で働いていて賞与が支給されたら、モチベーションは大いに盛り上がるでしょう。たとえわずかな金額でも、支給されたことに感動を覚えます。たとえば、70歳で10万円の賞与をもらったとしたら、50代で10万円もらうのとは、その重みがまったく違います。でも、高齢者のほとんどは賞与が支給されるとは思っていません。

　高齢者の多くは年金収入が生活のベースです。現役時代のように収入が多くないなかで、その賞与の価値は想像以上で、高齢者のモチベーションアップには効果抜群でしょう。

　しかも、高齢者は短時間勤務のために社会保険に加入していないケースが多いので、賃金支給額から控除されるのは雇用保険料と所得税ぐらいですから、賞与が支給されると現役時代よりも手取り額の割合が多いというのも魅力の1つです。

　ただし、私の社会保険労務士としての日々の業務のなかで、70歳などの高齢者に賞与を支払っている会社を見たことがありません。パートの人には賞与を支給している会社は多いですが、高齢者となると、対象者が少ないせいかもしれませんが、賞与支給はまったく考えられていないというのが実態でしょう。

　逆にいえば、高齢者にも賞与も支給していくといった取組みは、高齢者を採用するうえで非常に有効であると考えられます。

高齢者が会社の社会保険に加入するには

　まず、雇用保険の加入条件は、「31日以上働く見込みがある」「所定労働時間が1週間に20時間以上」「学生ではない」です。

　雇用保険は、労働者を雇用している事業所すべてに適用される制度ですが、2022年4月から複数就業者等に関するセーフティネットの整備の一環で、複数の事業主に雇用される65歳以上の労働者についても、労働者からの申し出があれば、雇用保険への特例加入が認められることになりました。

　これは、2つ以上の雇用保険適用事業所に勤務する65歳以上の労働者で、1つの事業所においては65歳以上労働者の雇用保険適用要件を満たすことができない場合でも、2つ以上の事業所を合算することにより「週の所定労働時間が20時間以上」となれば、雇用保険の被保険者となることができます。

　ただし、労働者からの申し出があって初めて雇用保険が適用されるので、上記対象者が自動的に雇用保険に加入できるわけではありません。

　また、健康保険と厚生年金保険については、法人を例にとると、代表取締役・常勤の取締役などの役員や正社員はすべてこれら社会保険の加入対象です。

　さらに、パートやアルバイトであっても、週の所定労働時間および月の所定労働日数が正社員の4分の3以上ある場合は、社会保険の加入対象となります。ただし、101人以上（令和6年10月からは51人以上）の事業場では、週の労働時間が20時間以上、賃金月額が8万8,000円以上で、学生ではない者は2か月を超えて雇用が見込まれるときも社会保険の加入対象となります。

　高齢者を雇用する場合は、上記労働時間が正社員の4分の3以上になるケースも多いと思われますが、仮に社会保険に加入したとしても、健康保険は75歳まで、厚生年金は70歳までしか加入できません。

　したがって、75歳以上の高齢者を雇用するとなると、雇用保険料以外の社会保険料の会社負担はなくなるので、人件費的にはその分、コストダウンできるといえます。

高額の役員報酬があると年金は支給停止に

　60歳以降に在職（厚生年金保険に加入）しながら受給する老齢厚生年金は「在職老齢年金」といって、賃金額と年金額に応じて、年金額の一部または全部が支給停止されるケースがあります。

　たとえば、賃金と年金の合計額が48万円を超えると、48万円を超えた金額の半分が年金額から減額されます（ただし、老齢基礎年金は全額支給されます）。また、70歳以降の人も、平成19年（2007年）4月からは同じ取扱いになっています（ただし、厚生年金保険料の負担はありません）。

　在職老齢年金による調整後の年金支給月額は以下のとおりです。

● 基本月額と総報酬月額相当額との合計が48万円以下の場合
　　　…全額支給

● 基本月額と総報酬月額相当額との合計が48万円を超える場合
　　　…基本月額－（基本月額＋総報酬月額相当額－48万円）÷2

　したがって、高齢者の再就職による年金の基本月額が約15万円（老齢厚生年金）とすると、ざっくり賃金総額が33万円未満であれば年金が支給停止になる部分は発生しないことになります。

　仮に、老齢厚生年金の基本月額が15万円で賃金が40万円、総報酬月額相当額が41万円というケースであれば、「（15万円＋41万円－48万円）÷2＝4万円」と計算して、15万円の年金は11万円に減額されます。年金額が15万円であれば、賃金支給総額33万円までは、年金の支給停止は発生しないことになります。

　逆に、役員報酬などをもらっていて、賃金が33万円以上になるような高齢者だと、年金支給の一部停止が発生します。社会保険加入の条件を満たしていない勤務形態であれば、老齢厚生年金は減額されません。詳しくは1－10項と47ページの早見表を参考にしてください。

4章

....

人生100年時代には
「80歳選択定年制度」を検討しよう

従業員自らが
定年年齢を設定できる
制度です。

4-1

「80歳選択定年制度」とは

高齢者雇用にふさわしい定年制度の構築を

　日本の定年制度をざっくりと分析すると、約8割の会社の定年は60歳で、65歳まで再雇用というのが、現状です。

　法律では、65歳までの雇用確保義務に加え、2021年4月からは、65歳から70歳までの就業機会を確保するために以下のいずれかの措置を講ずる努力義務規定が新設されました（高年齢者雇用安定法10条の2第1項）。

> ①70歳までの定年引き上げ
> ②定年制の廃止
> ③70歳までの継続雇用制度（再雇用制度・勤務延長制度）の導入
> ④70歳まで継続的に業務委託契約を締結する制度の導入
> ⑤70歳まで継続的に以下の事業に従事できる制度の導入
> 　A）事業主が自ら実施する社会貢献事業
> 　B）事業主が委託、出資（資金提供）等する団体が行なう社会貢献事業

　④と⑤を合わせて「創業支援等措置」といいますが、これらは直接の雇用ではないので、①と③の制度の条件を満たす定年制度を考えると、実際の定年年齢はなんと51種類に分類した表ができるのです。これに②の定年制度なしを加えると52種類に分類できます。

　これにもとづいて作成したのが次ページの分類表です。たとえば、60歳定年で65歳まで再雇用される人は「6065型」とネーミングしています。いずれは、65歳定年で80歳まで再雇用される「6580型」の人も出てくると思います。

◎定年再雇用制度による実際の定年年齢の分類表◎

定年年齢		再雇用する年齢（上限70歳まで）					
60歳定年		65歳まで（6065型）	66歳まで（6066型）	67歳まで（6067型）	68歳まで（6068型）	69歳まで（6069型）	70歳まで（6070型）
61歳定年		65歳まで（6165型）	66歳まで（6166型）	67歳まで（6167型）	68歳まで（6168型）	69歳まで（6169型）	70歳まで（6170型）
62歳定年		65歳まで（6265型）	66歳まで（6266型）	67歳まで（6267型）	68歳まで（6268型）	69歳まで（6269型）	70歳まで（6270型）
63歳定年		65歳まで（6365型）	66歳まで（6366型）	67歳まで（6367型）	68歳まで（6368型）	69歳まで（6369型）	70歳まで（6370型）
64歳定年		65歳まで（6465型）	66歳まで（6466型）	67歳まで（6467型）	68歳まで（6468型）	69歳まで（6469型）	70歳まで（6470型）
65歳定年	6565型		66歳まで（6566型）	67歳まで（6567型）	68歳まで（6568型）	69歳まで（6569型）	70歳まで（6570型）
66歳定年	6666型			67歳まで（6667型）	68歳まで（6668型）	69歳まで（6669型）	70歳まで（6670型）
67歳定年	6767型				68歳まで（6768型）	69歳まで（6769型）	70歳まで（6770型）
68歳定年	6868型					69歳まで（6869型）	70歳まで（6870型）
69歳定年	6969型						70歳まで（6970型）
70歳定年	7070型						
定年なし	0000型						

　これは、定年再雇用の場合ですが、本書で推奨している新規雇用の場合には、３－10項で紹介したように新規採用する年齢によって「Ⅰ型初級高齢労働者」「Ⅱ型中級高齢労働者」「Ⅲ型上級高齢労働者」と分けてみましたが、定年再雇用にならった略称はそれぞれ「0070型」「0075型」「0080型」とネーミングすることができます。

　いずれにしても、定年後の継続雇用に関する法律の規定にもとづいた、実際の定年年齢を考えてみると、実に多種多様です。このような実態を考えると、会社が設定した定年年齢とは別に、いわば「第二定年」として自らが定年年齢を選択することのできる「80歳選択定年制度」といった、新しい概念による定年制度を導入することも必要になってくるのではないでしょうか。

「80歳選択定年制度」の
具体的な規定とは

定年年齢を本人自ら設定できる画期的な制度

　前項で私は、人生100年時代を見すえて、「**80歳選択定年制度**」といった考え方を提案しました。定年といえば、60歳あるいは65歳といったイメージしか持たないのが現状だと思います。65歳から70歳までの就業機会の確保が法律に定められましたが、これはあくまでも努力義務です。各企業が定年再雇用を65歳から70歳まで延長するには、それなりの時間がかかるかもしれません。

　しかし、平均寿命の伸長と人手不足、そして物価高等による老後生活の不安から考えていくならば、いずれは80歳まで働くことを選択する人は必ず増えてくると思います。したがって「80歳選択定年制度」も必ずや浸透するはずだと考えるわけです。

　ちなみに、私が考えている「80歳選択定年制度」の具体的な規定例は次ページのようなイメージです。

　この選択定年制度の特徴は、**自らが自分の定年年齢を70歳から80歳までの間で設定できる**ということです。本人が選択した定年年齢は毎年更新する必要はあるでしょうが、勤務する上限の年齢をあらかじめ定めて働くことは、目標を持つことにもなり、本人のモチベーションアップにつながるはずです。

　一方で、定年の定めのない会社も最近は増えてきました。「80歳選択定年制度」と「定年の定めなし」のどちらが、高齢労働者のモチベーションアップにつながるかはわかりませんが、今後は少なくとも75歳までは働くという人が主流となることは確実でしょう。

　3－10項や前項で紹介したように、新規雇用の高齢者については、採用年齢に応じて「Ⅰ型」「Ⅱ型」「Ⅲ型」と分類しましたが、Ⅰ型

◎（自由）選択定年制の規定例◎

（定年等）

第○条　従業員の定年は満80歳とし、定年に達した日の属する
　　月の末日をもって退職する。

2　前項の規定にかかわらず、従業員は、自らの定年の時期を
　　70歳から80歳までの間のいずれかの年齢に達する日の属する
　　月の末日を指定し、選択できるものとする。

3　前項にもとづく定年年齢を選択した従業員については、本
　　人が希望すれば、選択定年後も1年ごとに更新することによ
　　り、特に健康面や業務上において問題がなければ、満80歳ま
　　で継続雇用する。

は70歳までの雇用者です。高年齢者雇用安定法の改正で65歳から70歳までの就業機会確保が努力義務化されたので、今後は高齢者のほとんどがこのⅠ型になると思われます。また、Ⅱ型は70歳から75歳までの労働者ですが、やがてはこの年齢層も努力義務化されてⅡ型の該当者も増えてくると思います。

　Ⅲ型はあえて「上級高齢労働者」とネーミングしましたが、この層の人たちはある意味、人生を達観しており、健康で元気に働いて社会に貢献しているという意味では、マズローの「欲求5段階説」の6番目の「自己超越欲求」にまで近づいている高齢者の方ではないかと思います。

　なお、社会保険の適用では、75歳からは後期高齢者医療の対象に移行します。したがって、Ⅲ型の雇用者からは、勤務時間にかかわらず、健康保険料の会社負担分は発生しなくなります。週20時間以上の勤務であれば雇用保険料のみが発生します。

　そこで、「80歳選択定年制度」の実施と合わせて、Ⅱ型・Ⅲ型の高齢労働者の雇用をぜひ検討してほしいと思います。

4-3 高齢者雇用における退職金制度を どのように考えるか

退職金は定年時に支払っているけれど…

　この項では、高齢者雇用における退職金制度について考えてみたいと思います。

　大企業はもちろんのこと、中小企業でも、たとえば60歳定年で再雇用となっても、いったんは退職金を支払っていると思います。

　一般的には、再雇用と同時に「嘱託社員」としての勤務形態になっていることが多いようですが、もはや正社員ではないので、定年になったときに退職金が支払われているわけです。

　私は現在68歳ですが、個人的には、再雇用で賃金が４割ダウン、退職金もなしというのでは、やはり働く者としてのメリハリがない気がします。

　定年再雇用といっても、その実態は従来と変わらない勤務内容で働くケースが多いはずです。アルバイトやパートならわかりますが、定年前と仕事の内容はほとんど変わらないのに、定年再雇用では賃金が大きく減ってしまうという賃金制度は、それでよいのでしょうか。

再雇用従業員に退職金を払ってもよいのでは？

　私は、再雇用された従業員の給与が現役時代よりも少なくなるのはしかたがありませんが、たとえば「退職金制度」の導入を検討してもいいのではないかと考えます。

　別の言い方をすれば、「第二退職金制度」の導入です。ここでは、定年再雇用者について述べていますが、新規採用の高齢者についても、同じことがいえると思います。

　今日の人手不足の時代においては、この退職金制度の導入は他社

との差別化になり、高齢者が働くことのモチベーションも高めてくれるものと確信しています。

では、どのような退職金制度が考えられるでしょうか。

私は、65歳から70歳まで勤務したときの5年間、そして70歳から80歳まで勤務したときの10年間に見合う形で退職金を支払ったらどうかと考えています。

退職金の額は、高齢者雇用としての10年間勤務で最大100万円ほどではないかと思います。したがって、5年間勤務だと40万円ほどが上限ではないでしょうか。もちろん、5年間勤務で20万円でもいいと思います（退職金の額については、次項で改めて解説します）。

いずれにしても、この第二退職金制度があるというだけで、高齢者にとっては、定年再雇用や新規雇用で働いてみようという、確実な動機づけになると思いますし、働くやる気も違ってくるのではないでしょうか。

なお、ちょっと古いデータですが、厚生労働省が平成30年に調査した資料によれば、「退職給付（一時金・年金）制度」がある企業割合は、調査企業全体の77.8％でした。

企業規模別にみると、退職金制度がある企業割合は、従業員1,000人以上の企業で92.3％、300〜999人の企業で91.8％、100〜299人の企業で84.9％、30〜99人の企業で77.6％となっており、特に中小企業では全体の4分の1近い企業には、そもそも退職金制度はありません。

正社員に対する退職金制度はないけど、高齢者雇用対象者には退職金制度を導入する、という場合は十分な検討が必要になると思いますが、基本的には、たとえ短時間勤務の高齢労働者であっても、可能なら退職金制度を導入したほうがよいと考えます。

4-4 高齢者雇用の場合の 具体的な退職金制度

「加入月額方式」だと運用しやすい

　読者の多くの方は、正社員に対して退職金を支払う制度があって
も、高齢者雇用の対象者に退職金は必要ないのではないか、と思っ
たのではないでしょうか。また、正社員にも退職金制度は導入して
いないのだから高齢者には導入できない、と思った方もいるでしょ
う。

　ここで、退職金制度のそもそもの基本的な意味について確認して
おきたいと思います。

　退職金が支払われる根拠については、一般的に以下の3つの説が
あります。

①賃金の後払い説
②功労報奨説
③老後の生活保障説

　また、日本の退職金制度は、日本独自の制度といわれており、そ
のルーツは、江戸時代に奉公人が独立する際に、主人から独立する
ための資金と同時に屋号の使用許可を与えられるという「暖簾分け」
が、その始まりだともいわれています。

　私は社会保険労務士として、いろいろなお客様にこの退職金制度
の根拠について話をすることがありますが、②の功労報奨の考え方
に賛同する経営者が多いようです。でも、高齢者に退職金を支払う
場合は、まさしく③の「老後の生活保障」のためだからと、いえな
くもないと思います。

　次ページの表は、私が考案した「**加入月額方式**」による退職金の

◎加入月額方式による退職金の額のシミュレーション◎

(単位：万円)

	1年	2年	3年	4年	5年	6年	7年	8年	9年	10年
Ⅰ型 3,000円	3.6	7.2	10.8	14.4	18	21.6	25.2	28.8	32.4	36
Ⅱ型 4,000円	4.8	9.6	14.4	19.2	24	28.8	33.6	38.4	43.2	48
Ⅲ型 5,000円	6	12	18	24	30	36	42	48	54	60

額をシミュレーションした表です。

　Ⅰ型、Ⅱ型、Ⅲ型はこれまで何回か紹介した、採用した年齢に応じた新規雇用高齢者についての分類にもとづくものです。そして、たとえばⅠ型で「3,000円」とあるのは、月額基準額として設定した金額です。たとえば、Ⅲ型の高齢者が5年勤務して退職した場合は、「5,000円×12か月×5年＝30万円」と計算します。

　この月額基準額は、経営者の考えで、仮に1,000円でも2,000円でもいいですし、または1万円でもOKです。

　前項で退職金の額についてはちょっと触れましたが、実際には、高齢者であれば5年勤務で30万円、10年勤務で60万円が上限かなと、私は考えています。

　5年勤務で30万円の退職金ということであれば、従来からある退職金制度のように資金を積み立てていくといった制度設計を考えなくても大丈夫でしょう。それこそ、賞与を支払うような感覚で、退職金を支給できるのではないかと思います。

　通常よく行なわれている勤続年数に応じた制度ではなく、このように、勤務した月数分に応じた退職金とするのは、大変にわかりやすいのではないかと思います。もし、高齢者向けの退職金制度を導入されるようでしたら、参考にしてください。

「加入月額方式」と 他の退職金制度を比較してみよう

短期間で退職金を支給することに着目する

日本は空前の人手不足を眼前に控えています。したがって、高齢者にも仕事を頑張っていただく必要があります。

あなたの会社では高齢者の労働力は必要ないというのであれば、いわゆる「第二退職金制度」も必要ありません。しかし繰り返しになりますが、高齢者の労働力が必要なら、モチベーションアップには必ずプラスになる「退職金制度」を導入してほしいと考えます。

そこで、退職金の支払いにはさまざまな制度がありますので、次ページ表で、加入月額方式とその他のおもな退職金制度を比較してみました。

前項でⅢ型の月額基準額を5,000円と設定しましたが、**中小企業退職金共済（中退共）**で、掛金5,000円で契約すれば、その掛金は毎月、損金処理ができるから会社としてはそのほうが得ではないか、と思うかもしれません。

しかし加入月額方式では、賞与を支給する程度の金額なので、毎月積立てをする必要はないので、月々の経理処理も必要ありません。退職金の支払時には全額、損金処理ができますので、中退共と比べて損得もありません。経費が毎月発生するか、退職時にまとめて経費が発生するかの違いだけです。

また、中退共や**確定給付企業年金**制度は、30年とか40年といった長期勤続をベースに考えるのであればベストな制度ですが、高齢者の新規雇用では長くても10年前後の勤務年数ですから、加入月額方式のほうがわかりやすくてベストな制度だと思います。

最近は**401K型の確定拠出年金**も人気のようですが、これも長期加入が前提なので、短期雇用の高齢者には向いていません。

◎加入月額方式退職金制度とその他の制度との比較表◎

制度	概略	支払い方	懲戒解雇の場合	毎月支払ったときの経理処理	退職後の持ち運び
退職金制度 加入月額方式	加入月額単価をもとに計算が簡単で、自由な設計ができる。	会社が支払う。	就業規則や退職金規程により支払わない。	特に必要なし。ただし、退職時に全額、損金計上する。	できない。
企業年金 確定給付	従業員の退職金を確定できる。不足があるときは会社が補てんする。	従業員に直接支払う。	各規約による。	毎月の掛金は全額、損金計上。	できない。
年金・401K 確定拠出企業	毎月の掛金を個人名義で外部に積み立てる。従業員には投資教育が必要。	従業員に直接支払う。	従業員に支払われる。	毎月の掛金は全額、損金計上。	できる。ただし、条件あり。
共済制度 中小企業退職金	毎月の掛金を個人名義で外部に積み立てる。掛金の減額は従業員の同意が必要となる。	従業員に直接支払う。	相当な理由があれば減額できるが、会社には返ってこない。	毎月の掛金は全額、損金計上。	できる。ただし、条件あり。
前払い退職金	毎月の給料に上乗せして支払う。実質的には給料と変わらない。	毎月支払うことで完了する。	従業員に支払われる。	従業員の給与となることにより、所得税・社会保険料の負担が増える。	毎月支払うことで完了する。
社内預金	資金不足に注意を要する。積立時の税法上の優遇制度は適用されない。	会社が支払う。	就業規則や退職金規程により支払わない。	積立時に税法上の優遇措置はない。	できない。

4 章

人生100年時代には「80歳選択定年制度」を検討しよう

高齢者ほど退職金制度は魅力的に感じる

高齢者が受給する退職金には税金はかからない!?

　退職金をもらったときの税制では、勤続年数が20年までは毎年40万円（80万円未満の場合は80万円）の「**退職所得控除額**」というものがあり、勤続20年なら800万円までの退職金には所得税はかかりません。ちなみに、勤続年数が20年を超えると、退職所得控除額は１年につき70万円になり、控除額は20年までの800万円に加算していくことになります。

　定年再雇用者なら、定年前と通算すれば勤続20年を超えるでしょうが、定年時に退職金が支払われることが一般的なので、定年再雇用後に退職金をもらった場合の退職所得控除額は新たに勤続１年目からスタートして計算することになります。

　一方、高齢者の新規雇用の場合は、たとえば65歳のときに新規雇用されて70歳で退職すれば、40万円の５年分である200万円の退職所得控除額があります。75歳まで勤務すれば、その倍の400万円の退職所得控除額があるわけです。

　したがって、退職金を受給する側からみると、ほとんどの高齢者は所得税がかからずに退職金をもらえることになります。

加入月額方式による退職金制度の運用のしかた

　この章では、加入月額方式による退職金制度を紹介してきましたが、たとえば月額基準単価が5,000円の高齢者であれば、10年勤めて辞めたときの退職金は60万円（5,000円×12か月×10年）です。

　もちろん、この額は退職所得控除額の範囲内ですから、退職時の評価次第で、支給率を1.1倍とか1.2倍にするといった規定を定めて運用してもよいかもしれません。その規定があることを事前に知っ

ていれば、高齢者のモチベーションはさらに上がってくるでしょう。高齢者を採用するうえでも、効果的な取組みになると思います。

　加入月額方式による退職金制度は、あくまでも高齢者雇用に対応した制度なので、退職金積立制度までは考えていません。前述したように、賞与を支給するほどの金額なので、あえて退職金の資金を積立てで確保しておく必要はないと思います。

　なお、この加入月額方式による退職金制度は、アルバイトやパートの人に対する雇用対策にも活用できるのではないかと考えます。

　私が提案した加入月額方式による退職金制度はいかがでしょうか。中退共のような外部の機関を利用する制度だと、退職金は直接本人の口座に送金されてしまい、仮に会社に損害などを与えたから退職金を減額したいと思っても、それはできません。

　やはり私は、高齢者に対する退職金は、退職時に社長なり上司が直接、手渡しできる制度にしたほうがよいと思います。本人としても、感謝の気持ちをもってもらうことができるからです。

　また、高齢者雇用の場合は1年ごとに契約更新することも多いと思います。たとえば、毎年4月からの更新であれば、年度途中で勝手に退職されると困るので、1年間の契約期間の中途で退職する場合は、1割とか2割、退職金を減額する規定も必要になるでしょう。

　実は私は、この退職金制度を考えるにあたり、高齢者の方にヒアリングしてみましたが、退職金が出るなら仕事にヤル気が起きてくるし、加入月額方式はわかりやすい、との声が多かったです。

　加入月額方式による退職金制度は、仮に既存の正社員向けの退職金制度があったとしても、バッティングする箇所はないので、既存の退職金制度との調整もまったく不要です。

　「第二退職金制度あり」となれば、たとえばライバル会社への労働力流失対策の1つになってくるでしょうし、また、求人においてもかなりの強みになってくると思います。

人生100年時代には
何歳まで働くことになるのか

🏢 少なくとも75歳まで働く時代が目前にきている

　現在の日本では、総人口の約29％が65歳以上の高齢者ということで、世界一の高齢化社会となっています。

　本書では繰り返し述べていますが、2021年の高年齢者雇用安定法の改正により、65歳から70歳までの就業機会を確保することが努力義務として規定されました。この改正も、高齢化社会という時代背景に対応して法制化されたものと思います。

　では実際のところ、企業は従業員を何歳まで雇用していけるのでしょうか？

　やはり、企業の経済力などから考えてみても、大企業・中小企業ともに70歳から75歳あたりが雇用できる限度ではないかと思います。それ以後については、高齢者個々の状況によってさまざまなケースが出てくるでしょう。

　私は、社会保険労務士として独立する前は、大手生命保険会社に勤務しており、いろいろな拠点を担当していました。

　当時でも、65歳を超えて嘱託で頑張っていた職員がいらしたことを思い出します。なかには80歳近くまで現役で頑張っていた職員も少なからずいたと記憶しています。

　そして生保会社の場合、力仕事ではないからかもしれませんが、女性のパワーには驚かされたものです。

　勤めていた生保会社では、さまざまな女性職員と男性職員をみてきましたが、女性職員のほうが圧倒的にパワーがあり、成績も優秀でした。女性と男性の平均寿命が6歳ほど違う理由もよくわかった気がしました。

どうしてこんな話をしているかというと、実は、高齢者雇用の今後は、女性の活躍がますます主流になってくるのではないか、と思うからです。

わが国の平均寿命については、1−12項でみてきましたが（50ページ参照）、令和3年では、男性が81.47歳、女性は87.57歳で、毎年伸びてきています。

仮に人生100年生きるとしたら、65歳以後の35年間に年金収入だけではとても食べていけないはずです。

したがって定年後はやはり、高齢者にもできる小さな仕事が、高齢化社会ではますます注目を集めてくる働き方になってくると思います。

参考までに厚生労働省が公表している「令和4年 高年齢者雇用状況報告等」のなかの「高年齢常用労働者の状況」によれば、高齢者の常用雇用高齢者の増加は約15年前と比べて約2倍に増加しています。この増加スピードは今後まずます拡大していくと思われます。

ちなみに、上記調査の主なポイントは以下のとおりです。

①年齢階級別の常用労働者数について

報告された全企業における常用労働者数（約3,480万人）のうち、60歳以上の常用労働者数は約470万人で13.5％を占めています。年齢階級別にみると、60〜64歳が約254万人、65〜69歳が約128万人、70歳以上が約88万人でした。

②高年齢労働者の推移について （31人以上規模の企業）

31人以上規模の企業における60歳以上の常用労働者数は約442万人で、平成21年（2009年）と比較すると、約226万人増加しています。

4-8 日本独自の定年制度が 働ける人材をなくしている

🏢 「定年」で人生は終わりではない！

2－1項でも触れましたが、高齢社員は「休まない、遅れない、働かない」といった勤務態度だということをよく聞かされます。

それについて、読者である経営者の皆さんはどのように思われているのでしょうか。

私は現在、社会保険労務士をメインとして、現役で働いています。その他にも、行政書士やマンション管理士の業務も並行してやっています。

毎日多忙な業務に追われているわけですが、高齢になったからといって、仕事における生産性がダウンしたとはまったく思っていません。逆に、働くことは老化防止の最高の薬ではないかとさえ思っています。

繰り返しになるかもしれませんが、私は日本独自の「定年」という制度が、まだまだ働くことができる人たちを働けない状態にコントロールしていると考えています。制度として決まっている「定年」になったと同時に、多くの高齢者は何事にも意欲がなくなり、働くことを含めた活動することに対して、おっくうになってしまうのではないでしょうか。

これが継続していくと、やがて運動機能の低下と脳の老化にさらに拍車がかかり、瞬く間に元気のない老人に変貌してしまう、というのが、多くの日本人の実態ではないかと思っています。

多くの日本人は昔から、いい大学に入学して、いい会社に入社して、そして「定年」まで勤めあげるのが、正しい人生設計であると教育されてきました。「定年」はその意味での概念として理解して

いるのです。

　一方で、定年後の生き方・あり方については、学校も会社も、誰も教えてくれなかったというのが現実です。そのため、定年後に生きていく確たる方向性がないので、多くの高齢者が生きがいを見失っているのだと思います。

　したがって、これは私の持論なのですが、高齢になったから労働生産性が下がるというわけではなく、定年という制度が、まだまだ働くことができる高齢者の労働生産性をダウンさせてしまっているのです。

　以上、高齢者本人の意識の持ち方として述べましたが、企業経営者は、高齢者に対して、上記のような考え方をもつように促しながら、新たに高齢者を採用し、雇用していってほしいと思うのです。

　高齢者は、「**定年は人生の再スタート地点**」と認識して、マズローの「欲求5段階説」（16ページ参照）の「自己実現の欲求」を達成することに向けて、再チャレンジしていってほしいのです。

　民間機関のある調査によれば、60歳以上70歳未満の人が働く理由の約6割は、「経済上の理由」にもとづくものだそうです。

　もちろん、それは正解で、本書でも定年後には年金収入だけでは生活できないから働くべきだ。そして、それを支援するために企業は高齢者雇用を推進すべき、と何度も述べています。

　しかし、ただ収入を得るためだけに働くのでは、長続きしないかもしれません。

　高齢者雇用の大きなポイントの1つは、「**生きがい**」であると思います。雇用する側としては、それも意識しながらぜひ、高齢者雇用を進めていっていただきたいと思います。

賃金が高騰する職人同様に
短時間労働者の賃金もアップする

最低賃金は上昇の一途をたどっている

　昨今の求人情報などを見ていると、建設系の大工さんなどの賃金が、すさまじい勢いで高騰しています。建設会社勤務の正社員だと35万円から50万円といった求人の条件が多くみられるのです。

　コロナ禍後の求人難で、募集賃金は高騰しているのが実態です。私の地元の金沢駅周辺の飲食店などでも、いまでは時給単価が1,200円前後というのが一般的な募集条件になってきました。

　私が社会人になった約45年前の就職難のころとは様変わりの就職環境で、まさに売り手市場といった状況です。

　また、「最低賃金」については3－3項で触れましたが、近年は、各都道府県とも最低賃金が毎年30円前後上昇しており、新聞報道によれば、令和5年度の全国平均は961円から1,004円となり、いよいよ1,000円を超える時代となりました。

　このような時代の流れを考えると、最低賃金の上昇に伴って、高齢者の賃金については、たとえ短時間勤務であっても上昇していくのは確実な時代になってきたと思います。

　約10年前の平成24年（2012年）の東京都の最低賃金は850円でした。

　したがって、1日5時間労働で月に20日勤務とすると、月額賃金は「850円×5時間×21日＝8万9,250円」でした。

　ところが令和4年度の東京都の最低賃金で計算すると、月額賃金は「1,072円×5時間×21日＝11万2,560円」になります。約10年前からは月額で2万3,000円強も上昇しているわけです。短時間労働での賃金が上昇すれば、収入的には高齢者が働くことへの魅力も増大します。

　ちなみに、求人難といわれる大工さんなどの職人の賃金はさらに上昇しています。

　雇用する側からすれば、賃金水準がどんどん上がっていくことは、一概にいいことだともいえません。当然、人件費という費用も上昇するからです。

　会社全体のコスト増対策という面からいえば、たとえば、正社員の1日の所定労働時間が8時間としたら、1日4時間労働の高齢者2人を雇用したほうが、時間単価が低いはずですから、人件費は低減することになるので、この点からも高齢者雇用は十分に検討する価値があると思います。

月額賃金15万円になるような労働時間の設定を

　東京都の最低賃金から計算すると1日5時間労働で月に11万円前後になりましたが、本書で推奨している月額15万円とするためには1日の労働時間はどのくらいにすればよいのでしょうか。

　これは、逆算すれば簡単に求められますが、ほぼ1日約6.7時間（約6時間42分）で月額賃金を15万円とすることができます。

　「1,072円×6.7時間×21日＝150,830円」

　これは、あくまでも東京都の最低賃金を基準としているので労働時間が短いような気がしますが、たとえば時給単価をもっと高くすれば次のように労働時間もさらに少なくなります。

　「1,300円×5.5時間×21日＝150,150円

　時給1,300円であれば、1日5時間30分の勤務時間で、月額賃金は15万円達成となるわけです。

　この計算は、都道府県ごとの最低賃金の額によっても変わってきますが、月額15万円という賃金レベルは高齢者にとって、それほど高いハードルではないことは理解できたと思います。1日の勤務時間が6時間前後なら、70代の人でも十分に働けるのではないでしょうか。

4-10

一般的な高齢者向きの仕事の
時給相場はどのくらい？

🏢 時給相場は職種によって差がある

　最後に、私が調べた範囲（地元の石川県の場合）での高齢者の時給相場をあげておくと、以下のようになります。

　これを参考に、地域の実際の相場なども検証しながら、高齢者を雇用するときの賃金（時給）を決めていくとよいでしょう。

【男性編】
＜軽作業＞
　時給相場：1,000〜1,200円（軽作業の時給は、仕事内容によって変わります）

＜ドライバー＞
　時給相場：1,100〜1,600円（ドライバーの時給に大きな差があるのは、フォークリフトをはじめとする重機類の運転免許を持っている場合や、大型、二種の免許を持っていると時給が上がることが理由です）

＜警備員＞
　時給相場：950〜1,250円（警備員も仕事内容により時給に幅があります）

【女性編】
＜清掃員＞
　時給相場：980〜1,500円（清掃員は、作業する場所や広さ、時間帯などによって時給が変わります）

＜調理補助＞

時給相場：900～1,000円（調理補助の時給は比較的低めですが、これはシニアだからということではなく、相場自体が低くなっています）

＜介護スタッフ＞

時給相場：1,000～1,300円（人材不足が顕著な介護スタッフでは、時給水準が高めです）

＜飲食店＞

時給相場：900～1,200円（仕事内容はキッチンやホール、清掃などです）

＜コンビニ＞

時給相場：900～1,050円

＜ガソリンスタンド＞

時給相場：950～1,000円

以上の時給相場をみると、高齢者を求人する際の賃金は、時給1,200円を基準に考え、地域や職種に応じて上下させるということでよいのではないでしょうか。

経営の根底には「倹約」精神がある

　数年前のことですが、アマゾンのＣＥＯであるジェフ・ベゾス氏に関する新聞記事で、「倹約」がアマゾンのリーダーシップに不可欠な要素の１つであるとありました。アメリカ人が「倹約」という経営方針を全面に押し出していることに驚きましたが、すでに日本では約300年前に、この倹約というものを商人道として説いていた人がいました。それが、石門心学の祖といわれる石田梅岩です。

　経営者として高齢者雇用を進めていくときは、私はある意味この考え方を十分に理解したうえで高齢者に対処すれば、高齢者にとっても理解しやすく受け入れやすい考え方であると思います。

　梅岩の主著とされる『都鄙（とひ）問答』には、「勤勉」「倹約」「正直」の考え方を実践するものとして次のような言葉があり、現代の経営にも十分に通用する考え方です。

- 「商売の始まりとは、余りある品と不足する品を交換し、互いに融通するものである」
- 「（したがって）商人の得る利益とは、武士の俸禄と同じで、正当な利益である。だからこそ商人は正直であることが大切になる。水に落ちた一滴の油のように、些細なごまかしがすべてを駄目にする」
- 「商人に俸禄を下さるのはお客様なのだから、商人はお客様に真実を尽くさねばならない」
- 「真実を尽くすには、倹約をしなくてはならない。倹約とはけちけちすることではなく、たとえばこれまで３つ要していたものを、２つで済むように工夫し、努めることである。無駄な贅沢をやめれば、それでも家は成り立ってゆくものである」
- 「商人の蓄える利益とは、その者だけのものではない。天下の宝であることをわきまえなくてはならない」

5章

60歳以降の従業員の
賃金制度の考え方と労務管理

Ⅰ型、Ⅱ型、Ⅲ型の
賃金シミュレーションを
しています。

5-1 60歳から69歳までの賃金設定

賃金月額10万円、15万円、20万円でシミュレーション

　3−10項で、新規に雇用する高齢者について、次の3つのタイプに分類しました。

- ● Ⅰ型初級高齢労働者　（0070型）…60〜69歳の高齢労働者
- ● Ⅱ型中級高齢労働者　（0075型）…70〜74歳の高齢労働者
- ● Ⅲ型上級高齢労働者　（0080型）…75歳以上の高齢労働者

　上記のように3つに区分したのは、厚生年金保険の加入が70歳まで、健康保険の加入が75歳までとなっているからです。

　従業員が厚生年金保険と健康保険の加入対象者かどうかで、会社の保険料負担が変わってきます。したがって、社会保険料の会社負担があるか否かで、会社の人件費も大きく違ってくることになります。

　ちなみに、新規雇用の場合、定年再雇用ではないので、たとえばⅠ型の高齢労働者は「0070型」とネーミングしました。

　では、まず60歳から69歳までの高齢労働者について、月額賃金が約10万円、約15万円、約20万円の3つのケースで、1人当たりの手取り額をシミュレーションしてみましょう。

　給与額と会社負担の社会保険料の合計額が、いわば1人当たりの人件費と考えることもできます。

　なお、Ⅰ型は基本的には、社会保険の加入基準を満たす労働条件（週の労働時間など）であれば、健康保険と厚生年金保険両方の加入対象者となります（このシミュレーションは常時101人未満の会

◎Ⅰ型初級高齢労働者の賃金シミュレーション（石川県の場合）◎

賃金	約10万円コース	約15万円コース	約20万円コース
労働条件	勤務時間 月100時間とする	勤務時間 月150時間とする	勤務時間 月176時間とする
	1日4.5時間労働 1か月22日勤務	1日7時間労働 1か月22日勤務	1日8時間労働 1か月22日勤務
給与計算	1,000×4.5×22 ＝99,000円	1,000×7×22＝ 154,000円	1,200×8×22＝ 211,200円
健康保険料	0	7,245円	10,626円
厚生年金保険料	0	13,725円	20,130円
雇用保険料	594円	924円	1,267円
所得税（扶養者1名のとき）	0	740円	2,430円
手取り	98,406円	131,366円	176,747円

社です）。

　またⅠ型には、定年再雇用者も新規採用者もいると思われます。これは、高年齢者雇用安定法により、本人が希望すれば65歳まで雇用しなければなりませんし、65歳から70歳までの雇用が努力義務化されたからです。したがって、Ⅰ型となる定年再雇用者の数は今後拡大していくと思います。上表では、特に65歳以上のⅠ型高齢労働者について、シミュレーションしています。

　なお、時給は給与計算等をわかりやすくするため、66歳男性で1,000円としています。ただし、20万円コースの時給は1,200円としています。

119

70歳から74歳までの賃金設定

70歳になると厚生年金保険料の負担なし

　いよいよ70代に突入するⅡ型中級高齢労働者（0075型）の賃金について考えてみましょう。

　前項でも触れたように、高年齢者雇用安定法の改正により、65歳から70歳までは本人の希望があれば、就業機会を確保することが努力義務となったので、70歳まで定年再雇用を継続する高齢者は今後増えてくると思われます。

　しかし、70歳を過ぎた高齢者の雇用となると、本人の肉体的なこともあるし、会社側も雇用は70歳を上限とするケースも多いと思われることから、まだまだ少ないかもしれません。

　次ページは、70歳男性が時給1,000円（ただし20万円コースは1,200円）として、月額賃金が約10万円、約15万円、約20万円の3つのケースについてシミュレーションしたものです。

　この表を見ればわかるように、厚生年金保険料は70歳になるとかかってきません。したがって、勤務時間が正社員とほぼ同じである約20万円コースだと、Ⅰ型で徴収されていた厚生年金保険料約2万円が徴収されなくなるので、その分、手取り額が増えます。

　時給（1,200円）の時間数にしたら約17時間分ですから、2日分の労働日数に相当します。年間なら「2日×12＝24日」の労働日数分の賃金が増えるともいえます。

　一方、会社サイドからみると、厚生年金保険料は基本的に本人と会社の折半負担ですから、会社も本人と同額の月約2万円の負担がなくなりますから、年間で労働日数24日分の人件費が少なくなる、ということがいえます。言い換えれば、60代のときと同じ仕事をし

◎ Ⅱ型中級高齢労働者の賃金シミュレーション（石川県の場合）◎

賃金	約10万円コース	約15万円コース	約20万円コース
労働条件	勤務時間 月100時間とする	勤務時間 月150時間とする	勤務時間 月176時間とする
	1日4.5時間労働 1か月22日勤務	1日7時間労働 1か月22日勤務	1日8時間労働 1か月22日勤務
給与計算	1,000×4.5×22 ＝99,000円	1,000×7×22＝ 154,000円	1,200×8×22＝ 211,200円
健康保険料	0	7,245円	10,626円
厚生年金保険料	0	0	0
雇用保険料	594円	924円	1,267円
所得税（扶養者 1名のとき）	0	1,240円	3,140円
手取り	98,406円	144,591円	196,167円

てもらっているのに、人件費は1人約1か月分のコスト削減につながっているというわけです。

　Ⅱ型中級高齢労働者の賃金に関する特徴は、理解いただけたでしょうか。70歳から74歳までの5年間に働くということは、日本の社会ではまだまだ一般化していませんが、私が社会保険労務士の開業前に勤務していた保険会社では、70代の営業職員が嘱託として十分にその役割や職責を果たしていました。

　体力的なこともあって、仕事の内容は限定されるかもしれませんが、人生100年時代にはまだまだ働き続けていける年代ではないでしょうか。

5-3 75歳以降高齢者の賃金設定

🏢 健康保険料も厚生年金保険料も負担なし

　いよいよ75歳以降のⅢ型上級高齢労働者（0080型）のケースです。

　次ページは、77歳男性で時給1,000円（ただし20万円コースは1,200円）として、月額賃金が約10万円、約15万円、約20万円の3つのケースについてシミュレーションしたものです。

　どのコースでも、75歳になると健康保険料も厚生年金保険料もかからないので、雇う会社側からみれば一番人件費コストのかからない年齢層の雇用といえるでしょう。

　70代後半の高齢者を雇用することについては、いかがお考えでしょうか。

　私は、働く意欲のある方であれば、70代後半になっても、まだまだ働ける年代ではないかと考えます。私の属している石川県社会保険労務士会には、80歳を超えてもまだ現役で頑張っておられる先輩がけっこういらっしゃいます。

　この歳になっても働いているということは、ある意味、人生の達人といってもいいでしょう。だから「上級」高齢労働者というネーミングはぴったり当てはまっていると思います。

　何歳まで働けるかは、4章でも取り上げて、その対策として「80歳選択定年制」を提案しましたが、定年を80歳にするか85歳まで延ばすかについては、この80歳選択定年制度をベースに1年ごとに更新して決めていけばよいと考えます。

　80歳前後の人を雇用するという会社は、まだまだ少ないので、戸惑いもあると思いますが、私の前職の経験なども踏まえると、十分に雇用できる年代であると私は確信しています。

　上級高齢労働者は、近い将来には、その職場になくてはならない

◎Ⅲ型上級高齢労働者の賃金シミュレーション（石川県の場合）◎

賃金	約10万円コース	約15万円コース	約20万円コース
労働条件	勤務時間 月100時間とする	勤務時間 月150時間とする	勤務時間 月176時間とする
	1日4.5時間労働 1か月22日勤務	1日7時間労働 1か月22日勤務	1日8時間労働 1か月22日勤務
給与計算	1,000×4.5×22 ＝99,000円	1,000×7×22＝ ＝154,000円	1,200×8×22＝ 211,200円
健康保険料	0	0	0
厚生年金保険料	0	0	0
雇用保険料	594円	924円	1,267円
所得税（扶養者 1名のとき）	0	1,500円	3,500円
手取り	98,406円	151.576円	206.433円

人材となっているかもしれません。この人にしかできない技術などを持ち合わせて、元気でやる気のある、文字どおり「上級」労働者になってくれるものと思います。

　人生100年時代が本当に到来するおよそ10年後には、80歳まで働いているというケースは特に珍しくない時代に変わっていると思っています。

5-4 高齢者は労災事故のリスクが高いので、勤務時間には十分な配慮が必要

🏢 労災保険の知識を身につけておこう

　高齢になると労災事故のリスクが高くなるのではないか、と考える経営者も多いことでしょう。たとえば、私の顧問先の建設会社では、建設現場に67歳の人をアルバイトとして雇用したところ、2か月後にうっかり脚立から落ちて、骨折のために1か月入院したというケースがありました。この例などは、高齢者雇用における一番のリスクではないかと思います。

　ただし、労災事故は高齢者に限らずどの年代でも十分に起こりうるリスクです。もちろん、それなりの対策が必要になるわけですが、こと高齢者対策でいえば、あまり残業をさせないとか、危険な業務には極力就かせないといった対応がされていれば、労災の心配はあまりないのではないかと考えます。

　高齢者雇用ともなると、経営者よりも年配の人を採用するケースが大半かと思われます。したがって、高齢者の雇用は、一般の従業員に対するようなものではなく、年配の方を尊重して対応するといった姿勢が一番重要ではないでしょうか。

　高齢労働者は、経営者や上司以上に経験が豊富なので、しっかりと意見を聞いてあげることが、ある意味、高齢者のモチベーションアップにつながっていくと思います。

　なお、業務災害や通勤災害などによって労災保険がおりるケースの概要は次ページ図のとおりです。労災保険についてよく勘違いしている人がいますが、臨時やアルバイトで働いていても、業務上の災害であれば、労災保険の給付対象になります。したがって、短時間労働で雇用している高齢労働者も当然に労災保険の対象者です。ちなみに、労災保険料は全額、会社が負担します。

◎労災保険の給付の種類◎

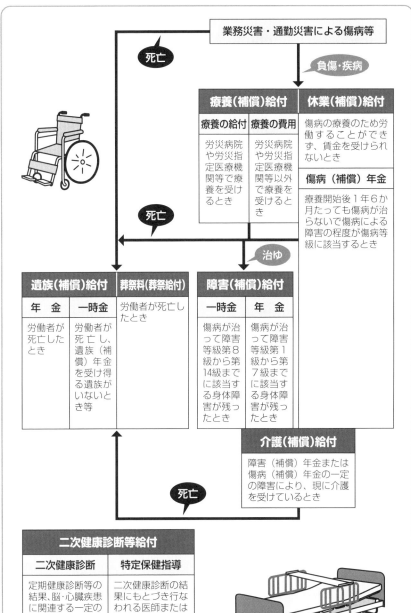

業務災害・通勤災害による傷病等

死亡

負傷・疾病

療養（補償）給付		休業（補償）給付
療養の給付	療養の費用	傷病の療養のため労働することができず、賃金を受けられないとき
労災病院や労災指定医療機関等で療養を受けるとき	労災病院や労災指定医療機関等以外で療養を受けるとき	**傷病（補償）年金** 療養開始後1年6か月たっても傷病が治らないで傷病による障害の程度が傷病等級に該当するとき

死亡

治ゆ

遺族（補償）給付		葬祭料(葬祭給付)	障害（補償）給付	
年　金	一時金	労働者が死亡したとき	一時金	年　金
労働者が死亡したとき	労働者が死亡し、遺族（補償）年金を受け得る遺族がいないとき等		傷病が治って障害等級第8級から第14級までに該当する身体障害が残ったとき	傷病が治って障害等級第1級から第7級までに該当する身体障害が残ったとき

介護（補償）給付
障害（補償）年金または傷病（補償）年金の一定の障害により、現に介護を受けているとき

死亡

二次健康診断等給付	
二次健康診断	特定保健指導
定期健康診断等の結果、脳・心臓疾患に関連する一定の項目について異常の所見のあるとき	二次健康診断の結果にもとづき行なわれる医師または保健師による保健指導

高齢者こそテレワークなどの在宅勤務が向いている

作業環境が整っていれば実現可能に

　ここ数年、コロナ対応として「テレワーク」がいろいろな会社で採用されています。実は私は、ある意味、このテレワークは高齢者にはぴったりの勤務形態ではないかと考えます。

　もちろん、パソコンに関するある程度の知識は必要になりますが、通勤が不要で、自宅にいても仕事ができて、肉体的にも負担が少ないので、テレワークは高齢者にはお勧めではないでしょうか。

　テレワークは、コロナ対策のほか、育児中などの人の働き方としても注目されていますが、これからの人手不足を考えるならば、テレワークは高齢者の働き方の1つとして十分に活用すべきだと思います。

　テレワークは、基本的には次ページ図のような環境があれば、実現できます。この図は、厚生労働省のホームページにある「テレワークの適切な導入及び実施の推進のためのガイドラインパンフレット」に掲載されているもので、上記表題から検索すれば、パンフレットを閲覧することができます。

　照明や窓、室温に気をつけて、机、椅子とパソコンがあれば、自宅で仕事ができます。高齢者であれば、小さな子供さんがそばにいることもないでしょうから、十分にテレワークできる環境下にあるといえます。

　テレワークなら、そばに上司や同僚がいないなかで仕事をするので、人間関係に悩まされるリスクも少なくなるでしょう。高齢者からみると、自分の子供くらいの歳の上司から面と向かって指示・命令をされて、仕事をすることには抵抗のある人も多いようです。テレワークなら、そういった懸念もある程度は解消されます。

◎テレワークを行なうための作業環境◎

自宅等でテレワークを行う際の作業環境の整備について

部屋
■ 作業等を行うのに十分な空間が確保されているか（参考：事務所則第2条）設備の占める容積を除き、10m³以上の空間とする
■ 転倒することがないよう整理整頓されているか

窓

■ 空気の入れ換えを行うこと
■ ディスプレイに太陽光が入射する場合は、窓にブラインドやカーテンを設けること
（参考：事務所則第3条、情報機器作業ガイドライン）

照明
■ 作業に支障がない十分な明るさにすること
（参考：事務所則第10条、情報機器作業ガイドライン）
机上は照度300ルクス以上とする

室温・湿度
■ 冷房、暖房、通風などを利用し、作業に適した温度、湿度となるよう、調整をすること
（参考：事務所則第5条、情報機器作業ガイドライン）
室温17℃～28℃、相対湿度40%～70%を目安とする

机・椅子・PC
■ 目、肩、腕、腰に負担がかからないよう、机、椅子や、ディスプレイ、キーボード、マウス等を適切に配置し、無理のない姿勢で作業を行うこと
（参考：情報機器作業ガイドライン）

机・椅子・PCについては、無理のない姿勢で作業を行うために、情報機器作業ガイドラインで以下のとおりに示しています。

机
■ 必要なものが配置できる広さがある
■ 作業中に脚が窮屈でない空間がある
■ 体型に合った高さである、又は高さの調整ができる

椅子
■ 安定していて、簡単に移動できる
■ 座面の高さを調整できる
■ 傾きを調整できる背もたれがある
■ 肘掛けがある

PC
■ 輝度やコントラストが調整できる
■ キーボードとディスプレイは分離して位置を調整できる
■ 操作しやすいマウスを使う
※ ディスプレイ画面の明るさ、書類及びキーボード面における明るさと周辺の明るさの差はなるべく小さくすること

※事務所則：事務所衛生基準規則
　情報機器作業ガイドライン：情報機器作業における労働衛生管理のためのガイドライン

　したがって、テレワークはコロナ対策として多くの企業で導入されてきましたが、これからは、高齢者雇用における最適な仕事のやり方になったのではないかと私は思います。

　高齢者のなかでも特にパソコンを使い慣れているような75歳以上の「上級」高齢者であれば、採用する際にも「テレワーク」の存在は有効な募集条件にもなるはずです。

高齢になればなるほど 右脳は冴えてくる

脳は120歳まで成長する!?

　高齢になればなるほど、脳の働きは低下すると思っている人が大半ではないでしょうか。

　昔から、何かに夢中になる子供は、好奇心旺盛な人に育つといわれており、好奇心は脳を活性化させ、何歳になっても脳を成長させることが知られています。人体のさまざまな臓器のなかで、脳は最も寿命が長く、鍛え続ければ120歳まで成長する力を持っているといわれているのです。

　たとえば、人間だけが持っている「超脳野」と呼ばれる３つの分野があります。それは、記憶力との相関関係がある「超側頭野」、情報の分析などをする「超頭頂野」、そして脳の指令塔的な役割を持つ「超前頭野」です。

　上記のどの超脳野も、年齢を重ねれば重ねるほど成熟される部分だそうです。結論としていえることは、脳は何歳になっても成長し続けることができるため、もう歳だからとあきらめてはいけないということです。そのように考えると、80歳といえども、まだまだ働ける年齢ではないでしょうか。

　高齢になっても活躍された代表選手は、松下幸之助氏ではないかと思います。松下幸之助氏は84歳のときに、社会をよくするためには為政者をはじめ各界の指導者に人を得ることが必要だと考え、次代を担う人材を育てる機関の設立を決意して、みずから私財70億円を投じて、昭和54年６月、神奈川県茅ヶ崎市に「松下政経塾」を設立しました。その後も、亡くなる94歳までさまざまな提言をされています。

　松下政経塾での研修の基本的な考え方は「**自修自得**」、すなわち、他から与えられるのを待って学ぶのではなく、自分で発意して研修、研究し、みずから理解、体得するということです。

　私はこの「自修自得」という考え方が、いつまでも老いないで働き続けていける秘訣ではないかと思います。

🏢 公務員の定年年齢は引き上げられている

　人間は健康であれば、120歳まで成長していく可能性があるといわれています。このような視点に立ってみると、80歳というのはまだまだ十分に働ける年齢であると考えるわけです。

　私の近所でも、90歳前後のおじいさん、おばあさんなど元気な方がたくさんいらっしゃいます。この方々の共通点はやはり、前向きで向上心が強いといった傾向を強く感じます。

　人生100年時代といわれるなか、現在の65歳から70歳までの就業機会確保の努力義務は、10年後には、希望する者については70歳まで雇用義務化されるのではないでしょうか。現在の65歳までの雇用義務が70歳まで延長されるということです。

　したがって、70歳から75歳までのいわゆるⅡ型中級高齢労働者を雇用する動きはさらに進み、やがてはⅢ型上級高齢労働者も活躍できる時代へと必ずや進展していくはずです。

　このように大局的な見方で高齢労働者の処遇を考えた結果として、国家公務員の定年年齢引上げに伴い、令和4年度からは地方公務員の定年年齢についても、60歳から65歳まで2年に1歳ずつ段階的に引き上げられることになりました。2031年までには定年年齢の引上げは完了するようですが、その流れに伴って民間企業でも、定年年齢はどんどん65歳に移行していくのではないかと思われます。

　そういう時代になれば、65歳から70歳までの再雇用はもちろんのこと、80歳までの雇用さえ当たり前になっていくことでしょう。

　それと同時に、定年再雇用ではない、60代、70代の高齢者を新規採用する雇用形態も一般的になっていく時代になると考えます。

5-7 高齢者は時給単価以上の 生産性をもたらす可能性大

🏢 高齢者は労働時間数が同じでも賃金は低くてすむ

　この章では、高齢者雇用における賃金についてシミュレーションを行なってきましたが、「時給単価」という視点から、その高齢者の「労働生産性」について考えてみたいと思います。

　現在、短時間労働者の時給は1,000円前後が大半ではないかと考えます。令和元年の厚生労働省の賃金センサスのデータを分析すると、日本人の生涯の総労働時間は10万7,844時間で、その生涯所得は2億4,547万4,000円となるので、時給に換算すると2,276円（245,474,000円÷107,844時間≒2,276円）です。

　高齢者を雇用する際の時給を1,000円〜1,200円とすると、ざっくりいえば、高齢者雇用の賃金コストは日本人の平均賃金の約半分だといえそうです。

　この本では、高齢者向けのさまざまな仕事を紹介してきましたが、その生産性は、この賃金格差以上にあるとは考えられません。

　しかも高齢者には、前項で紹介した松下幸之助氏ではありませんが、その人生経験から産み出された能力などは、若い人以上のものをもっているのではないかと考えます。

　さらに、本書で分類しているⅠ型初級高齢労働者からⅡ型中級高齢労働者、Ⅲ型上級高齢労働者となるにつれて、社会保険に加入しなくてもよくなることによって、賃金の手取り額が増えていく傾向にあります。

　このように考えていくと、昔から「高齢者は生産性が低い」「老人は使えない」と思っている人は多いかもしれませんが、それは肉体的な部分の衰えばかりをイメージしているからです。

◎年齢別の労働時間・年収比較表◎

区分	月間労働時間	決まって支給する月額給与	年間労働時間	年収（給与×12＋賞与）	年代別	
					労働時間	年収合計
区分	時間	千円	時間	千円	時間	千円
18～19歳	176	198.7	2,112	2,523.4	4,224	5,046.8
20～24歳	175	236.0	2,100	3,228.3	10,500	16,141.5
25～29歳	175	277.9	2,100	4,031.2	10,500	20,156.0
30～34歳	176	313.0	2,112	4,603.6	10,560	23,018.0
35～39歳	175	341.9	2,100	5,065.5	10,500	25,327.5
40～44歳	174	363.9	2,088	5,440.0	10,440	27,200.0
45～49歳	174	382.4	2,088	5,778.2	10,440	28.891.0
50～54歳	171	402.4	2,052	6,142.7	10,260	30,713.5
55～59歳	170	392.2	2,040	5,965.9	10,200	29,829.5
60～64歳	168	299.6	2,016	4,279.3	10,080	21,396.5
65～69歳	169	263.1	2,028	3,550.7	10,140	17,753.5
生涯賃金生涯労働時間					107,844	245,474.0

　たとえば、あのドイツの自動車大手ＢＭＷの工場では、高齢の働き手には座って作業ができるようにするなどして、高齢者雇用に関する調査をしてみると、実は高齢の働き手のほうが若い働き手よりも労働生産性は高かったという研究結果さえあります。

　上表は、年齢別の労働時間、年収についてまとめた比較表です。高齢者は労働時間数に比べて年収は低い傾向にありますから、この表からも高齢者の労働生産性はけっして低くないことが理解できると思います。

毎年上昇する最低賃金、 高齢者にとっては喜ばしいが…

最低賃金の上昇は人件費増につながる

　国が定める「平均賃金」について、近年の上昇は目覚ましいものがあります。この原稿を執筆中にも、令和5年度の平均賃金は全国平均でついに1,000円を超えて1,004円になると報道されました。

　平均賃金の上昇は、たしかに労働者からみれば、喜ばしい限りですが、賃金を支払う会社からみれば、人件費のアップにつながります。私の顧問先で多くのパート職員を雇用している会社でも、最低賃金を基準に時給額を設定しているので、毎年、資金的に大変厳しい状況が続いています。

　たとえば、私の地元である石川県では、令和4年度には平均賃金（時給）が861円から891円に30円上昇しました。

　仮に、1日5時間労働で1か月に22日勤務のパートが50人在籍していれば、支給総額は次のようになります。
- 861円×5時間×22日×50名＝473万5,500円
- 891円×5時間×22日×50名＝490万　500円

　つまり、1か月で16万5,000円の人件費増になるわけです。1名、余計に雇用するのと同じ金額です。パートが100名いる会社なら、2名を余計に採用したのと同じ人件費の上昇となります。

　一方で、昨今のインフレ対策などもあって、ベースアップのほかに、インフレ手当などの支給にも取り組んでいかなければ、従業員の定着そのものが危ぶまれてきている状況があります。

　ますます人件費増に追い込まれているというのが、現在の多くの中小企業の実態ではないかと思います。

　インフレ物価対策、人手不足などのほかにも、ここで取り上げている最低賃金の引上げという状況を考えると、私は「**高齢者雇用**」がその対策のポイントの１つになると思います。

　その理由については、これまでも適宜解説してきましたが、改めてあげておくと以下のとおりです。

- ●最低賃金の引上げやベースアップについては、高齢者雇用においては仕事給なので大きな課題にはならない
- ●インフレ物価対策については、高齢者の場合は扶養する子供などもいないケースが多いので大きな課題にはならない
- ●人手不足対策については、元気で働く気力のある高齢者であれば、むしろ若い人よりも比較的、求人がしやすい

　最低賃金は、最近20年ほどで約1.5倍に上昇しています。会社からみればたしかに人件費増になっているわけですが、人手不足対策という観点からいえば、高齢者にとっては、最低賃金が上昇を続ければ賃金も上がっていく可能性が大きいので、ますます働きやすい環境になっているといえます。採用もしやすくなっているといえるわけです。

　高齢者にとっては、老後生活を考えると、月額15万円から20万円の「第二の年金」を働くことによって得ることは、最低賃金の引上げに伴って、さほど難しくはなくなってきたということだけはいえそうです。

業務を効率化していけば トータルで人件費は下がる

正社員1人分で高齢者3人を採用できる!?

　この章では、高齢者の賃金について、10万円、15万円、20万円に分けてシミュレーションしましたが、この年代の特徴はやはり、本書で分類したⅠ型初級高齢労働者、Ⅱ型中級高齢労働者、Ⅲ型上級高齢労働者と年齢が上がっていくにつれて、社会保険の適用が減っていくことだと思います。一般に、正規雇用の社員を採用すると、給与額の約15%に相当する社会保険料を会社が負担することになるといわれています。

　次ページの表は、正社員を採用した場合と高齢者を採用した場合の、会社の経費（人件費）からみた比較表です。

　たとえば、30歳男性の正社員の月額賃金が30万円とすると、約4万5,000円の会社負担の経費（社会保険料＋雇用保険料）が発生します。月額賃金を含めた経費は34万5,000円ほどになります。

　一方、Ⅰ型高齢者を1名採用したときの月額賃金を10万円とすると（1日4時間半の勤務）、1か月の経費は約10万円ですから、正社員1名を採用する経費でⅠ型初級高齢労働者を3名採用できる計算になります。しかも、Ⅰ型高齢者を3名雇ったときの合計労働時間数は13.5時間ですから、同じくらいの経費で約1.7倍の労働時間数を働いてもらえる計算にもなります。

　また、この場合の年間総労働時間数を計算してみると次のとおりです（年間労働日数はいずれも264日で同じ）。

- ●正社員1名…………8時間×22日×12か月＝2,112時間
- ●Ⅰ型高齢者3名……13.5時間×22日×12か月＝3,564時間

◎正社員と高齢者を雇用する場合の経費の比較表◎

労働者区分	月額賃金	1日の勤務時間	1か月の労働日数	社会保険料（会社負担分）	雇用保険料（会社負担分）	1か月の経費合計
正社員（30歳男性1名／石川県の場合）	30万円	8時間	22日	41,940円	2,850円	344,790円
Ⅰ型初級高齢労働者（67歳1名）	10万円	4.5時間	22日	0	950円	100,950円
Ⅰ型初級高齢労働者（67歳・68歳・69歳の3名）	30万円	13.5時間	22日	0	2,850円	302,850円

　つまり、年間の総労働時間数で1,452時間もの差があり、これは1日8時間勤務とすると181日分に相当することになります。正社員より高齢労働者のほうが181日分、多く働いてもらえると言い換えることもできるでしょう。

　たとえば、コンビニや清掃の業務などで高齢者とそうでない人の仕事ぶりを比較してもらえばわかりますが、それほど仕事の達成度に大きな違いはないはずです。

　いずれにしても、仕事する職種によっては、高齢者とそうでない人との仕事量の差はあまりないと思います。日本ではまだ、年齢による差別意識が残っているように感じます。年齢差別の意識が変わっていけば、高齢者雇用に対する感じ方はもっと改善されていくと思いますので、会社としての高齢者雇用もやりやすくなると思います。

5-10 高齢者雇用を積極的に推進する 会社の取組み事例①

🏢 事例紹介サイトを参考にしてみよう

　高齢者雇用が実際にどのように行なわれているかという事例を知るのに最適のサイトがあります。それは、「**独立行政法人　高齢・障害・求職者支援機構**」のホームページです。

　このホームページのなかにある「**70歳雇用事例サイト**」には、実にさまざまな業種の会社の事例がなんと167社も紹介されており、大変に参考になります。

　また、同支援機構が発行している『70歳雇用推進事例集2023』にも、注目すべき事例がわかりやすく紹介されているので、これも参考になります。

　実際の事例については、同支援機構を検索してホームページをご覧いただきたいのですが、ここでは、上記サイトに紹介されている事例のなかで、特に高齢者雇用の際に参考になる取組み事例などについていくつか紹介しておきたいと思います。

【作業環境】

◎A社では、働きやすい職場づくりを図るため、フォークリフトの導入や照明のLED化等を進めています。フォークリフトの導入によって、それまでの米の運搬作業に係る負担が軽減され、高齢社員の身体的負担も軽減されました。

◎B社では、安全衛生面については、加齢に伴う身体能力の変化を補いつつ、働きやすい職場づくりを図るために、機械化によって高齢者の負担軽減を進めました。

◎C社では、高齢社員や女性でも負担がかからないように、作業性と安全性を重視してオペレーションを見直し、できるかぎり立位の姿勢のまま作業できる道具を積極的に導入しました。また、当初は男性と女性の職域を分けていましたが、女性にも大型機材の作業研修などを実施しています。

【健康管理】
◎D社では、就業形態にかかわらず、パート社員も含めて毎年1回以上の健康診断を実施しています。また、産業医によるストレスチェックを毎年1回行ない、高度のストレスが見られる高齢社員などには個人面談を実施しています。

◎E社では、社員の健康診断を行なうにあたり、①社員の健康診断の受診奨励、②人間ドックの受診補助、③インフルエンザ予防接種の自己負担額補助を実施しており、社員の健康管理体制を拡充しています。上記①については、社員の健康診断の受診を奨励するために、健康診断の受診時間を勤務時間として組み入れ、診断結果で「要指導」「要精密検査」となった社員に対しては医療機関の受診を促しています。また、②については、特に60歳以上の社員には補助額の増額を行なっています。さらに、③については、インフルエンザ予防接種を促すために全社員に自己負担額の補助を行なっています。

◎F社では、高齢になって現場でのフルタイム勤務が負担となった場合には、現場での短時間勤務や現場巡回などのサポート業務、あるいは、営業所内での業務に従事することで、働き続けることを可能としています。

高齢者雇用を積極的に推進する会社の取組み事例②

前項の続きです。

【新たな制度の導入】

◎G社では、短時間労働者が多く、健康保険に未加入であるパート社員もいるため、労災保険の適用以外の病気や入院等の休業補償が行なわれず、安心して働ける環境にはありませんでした。そのため、パート・アルバイトを含め、すべての社員が就業中にケガをしたり、病気で入院することになっても補償されるように、会社として任意労災保険に加入しました。また、社員が病気と向き合いながら働けるように、治療費の補助も行なっています。

◎H社では、継続雇用をねぎらう「第二退職金制度」を導入し、「確定拠出年金」を採用することによって、60歳定年時に年金を支給しています。また、無期限の継続雇用制度を導入すると同時に、退職金制度の見直しを行ない、60歳定年時に支給する退職金とは別に、さらなる「第二退職金制度」を新設しました。これによって、退職時には「お疲れさま」という気持ちを込めて、定年退職時とは別の退職金を支給しています。

◎I社では、各人の業務遂行を高度化かつ円滑にするために、各種資格取得を奨励し、取得に必要な費用も援助しています。高齢社員のなかには年をとってからの資格取得のための勉強を躊躇する者もいます。しかし、「資格取得のためにこれから勉強するのは大変」「勉強しても資格は取れないのでは」とあきらめようとする高齢社員に対しても同社は粘り強く取得を促しています。

◎J社では、現場で働いている社員の状況を随時把握するために、SNSを活用した連絡方法を確立しました。これにより、会社から複数のスタッフへの多様な連絡や、社員から会社への緊急の連絡や報告、相談が円滑・簡略に行なえるようになりました。

以上、私が有効であると感じた、取組み事例を紹介しました。

特に、本書でも紹介している「第二退職金制度」をすでに実施している会社もありました。「独立行政法人 高齢・障害・求職者支援機構」の「70歳雇用事例サイト」に紹介されている各企業は、いずれも高齢化社会を意識した取組みを実施しており、高齢者雇用を検討している会社には、大いに参考になると思います。

なお、独立行政法人 高齢・障害・求職者支援機構では、高年齢者雇用アドバイザーによる、高齢者の継続雇用に必要な雇用環境の整備に関する相談・援助を行なっています。

また、高齢者雇用の助成金などの支援も積極的に展開していますし、職業訓練を受講した訓練生の求人に関する相談などにも対応しているようです。同支援機構は、各都道府県にありますので、活用されるとよいでしょう。

「70歳雇用事例サイト」や『70歳雇用推進事例集2023』などの事例集をよく読んでみると、今後の日本の人手不足対策としてはやはり「**高齢者雇用**」がキーワードになると改めて実感しました。

ぜひあなたの会社でも、上記サイトなどに紹介されている事例を参考にしていただけたら幸いです。

5-12 高齢者雇用では有給休暇制度も しっかり運用しよう①

🏢 新規雇用の高齢者にも有休休暇の付与が必要

　新規の高齢者雇用においては、有給休暇の付与は適用にならないのではないかと思っている経営者がいるかもしれません。

　しかし基本的に、定年再雇用であれば従前の有給休暇を引き継ぎますし、新規雇用であれば、週3日勤務であっても有給休暇の取得条件に該当することになります。

　ちなみに、有給休暇の付与日数は下表のとおりです。

週所定労働時間	週所定労働日数	1年間の所定労働日数	雇入れの日から起算した継続勤務期間						
			6か月	1年6か月	2年6か月	3年6か月	4年6か月	5年6か月	6年6か月以上
30時間以上									
	5日以上	217日以上	10日	11日	12日	14日	16日	18日	20日
30時間未満	4日	169～216日	7日	8日	9日	10日	12日	13日	15日
	3日	121～168日	5日	6日	6日	8日	9日	10日	11日
	2日	73～120日	3日	4日	4日	5日	6日	6日	7日
	1日	43～72日	1日	2日	2日	2日	3日	3日	3日

　この表からもわかるように、週の所定労働時間が30時間以上の場合、または30時間未満でも週の所定労働日数が５日以上の場合には、６年6か月以上勤務すると、最大の付与日数である20日の有給休暇を取得する権利が発生します。

　定年再雇用の場合には、従前の勤務期間が継続されるので、そのほとんどの人は６年６か月以上、継続勤務していると思われるため、有給休暇は20日取得の対象者になると思います。

　ところが、新規雇用の高齢者の場合には、週の所定労働日数が３日とか４日であるケースも多いと思われます。また、新規雇用だと、１日の勤務時間も４時間～６時間、あるいは平日以外の土日にも勤務してもらうなど、さまざまな雇用形態が考えられます。

　仮に、週３日勤務という高齢者であれば、６か月勤務してはじめて５日間の有給休暇を取得できることになり、６年６か月勤務しても最長11日と、正社員の約半分の付与日数です。正社員の場合とは付与日数が異なるので、注意が必要です。

　なお、たとえば１日４時間勤務の高齢者であれば、有給休暇を取得する日は、４時間分の賃金を支払えばよい、ということになります。

　ちなみに、定年再雇用において、１日の勤務時間が5時間ということであれば、再雇用後の有給休暇取得日は、5時間分の賃金を支払えばOKです。

高齢者雇用では有給休暇制度も しっかり運用しよう②

🏢 取得義務とされる有給休暇の日数もある

　労働法を大きく変えたといわれる「働き方改革」によって、2019年4月から、**年5日以上の有給休暇の取得が義務**づけられました。

　ただしこれは、**有給休暇が年に10日以上ある労働者が対象**です。新規雇用の高齢者で、10日以上の有給休暇の取得権利を保有している人は、前項の表で確認すると、週に1日とか2日勤務の場合は対象外であり、週3日勤務の場合は5年6か月、週4日勤務であれば3年6か月勤務してから対象となるので、取扱いには注意を要します。

　有給休暇というのは、ある意味、すべての労働者に付与される平等な制度です。多様な働き方が増えてくると思われる高齢者雇用ですが、高齢者の健康管理を考えるうえでは、有給休暇をしっかりと与えなくてはなりません。

　昨今は、土曜・日曜勤務がある会社は、求人において敬遠される傾向にありますが、高齢労働者の場合には、土曜・日曜の勤務も比較的OKであるケースが多いでしょう。週所定労働日数を計算する場合には、これにも注意する必要があります。

　いずれにしても、雇用する高齢者には、できれば有給休暇はフルに消化してもらいたいところです。本人の健康管理のためにも、会社としてはぜひそのように指導してほしいと思います。

　ただし有給休暇は、**全労働日の8割以上の出勤**がないと、付与する義務はありません。これは有給休暇取得の大前提ですので、病気などで休んでいる人がいれば、有給休暇所得の対象外となる可能性があります。

　以上のように、有給休暇の制度は、私はある意味、高齢労働者の雇用にあたっては、大変に重要な労務管理になってくると思います。

　私もそうでしたが、高齢労働者の多くは、会社員時代には有給休暇をほとんど取得しないで働いてきたのではないでしょうか。しかし現代では、そんな働き方は通用しません。したがって、高齢労働者に対する有給休暇の取得促進は、若い社員に対する以上に実践してほしい労務管理ではないかと考えているのです。

法定日数以上の有給休暇を付与することも可能だが…

　有給休暇については、前項で示した表のように労働基準法の定めにある日数を付与する会社が大半だと思いますが、なかには、未消化のまま時効（2年）でなくなる日数分の有給休暇を買い取るとか、法定以上の有給休暇日数を付与している会社もあるでしょう。

　私の顧問先をみていると、法定以上の日数を付与する有給休暇制度を導入している会社も見受けられますが、そういう会社は業績もよく、従業員の定着率もいいように感じます。

　最近は、ほとんどの労働者が、有給休暇をすべて消化して退職するという時代になってきたようです。つまり、会社の経営者や労務担当者以上に、自分の有給休暇のしくみや日数について理解しているということでしょう。

　したがって有給休暇については、会社としても積極的に付与していくほうが、従業員のモラールアップには有効であると考えます。

高齢者雇用における社会保険制度

年齢に応じた制度のしくみを理解しておこう

　この章では、70歳で厚生年金加入は終了、75歳で健康保険加入は終了などと何度も解説していますが、ここで高齢者雇用と社会保険制度の関係についてまとめておくと次ページ表のようになります。

　高齢労働者の分類がⅠ型・Ⅱ型・Ⅲ型となっていくにつれて、社会保険の加入状況が変化していくことがおわかりでしょうか。

　社会保険の適用対象者として勤務するか、または短時間勤務で社会保険の適用除外者として勤務するかで、表のようなイメージになります。

　社会保険の適用除外であれば、国民健康保険に加入するか家族の被扶養者になるかの選択が必要ですが、75歳になると市区町村の後期高齢者医療制度の対象になります。後期高齢者医療制度には扶養制度はないので、本人はすべて後期高齢者医療制度の被保険者です。

　また、社会保険が適用になる雇用条件で勤務する場合は、65歳になると、給与から介護保険料は控除（天引き徴収）されなくなり、自分の年金から控除されることになります。

　さらに70歳になると、厚生年金保険の加入対象者ではなくなるので、厚生年金保険料は控除されなくなります。ただし、65歳から70歳までに厚生年金保険に加入していたときの保険料は、毎年12月の支給分から年金額に反映されることになっています。

　そして75歳になると、健康保険には加入できなくなり、後期高齢者医療制度に移行することになります。したがって、会社からの健康保険料の控除もなくなります。会社としては、Ⅲ型上級高齢労働者が一番、経費がかからないというわけです。

◎高齢者雇用と社会保険制度の関係◎

60〜64歳	65〜69歳	70〜74歳	75歳以上
短時間勤務だと社会保険は適用除外	国民健康保険加入か、家族の被扶養者となる		75歳以降は、後期高齢者医療制度に移行する
条件を満たせば健康保険に加入	介護保険料は、65歳からは給与からの控除なし（年金から控除される）	健康保険の加入は75歳まで	
条件を満たせば厚生年金保険に加入	厚生年金保険の加入は70歳まで	65歳以降に厚生年金保険に加入していた期間は、毎年12月の支給分から年金額に反映されることになっている	
Ⅰ型初級高齢労働者		Ⅱ型中級高齢労働者	Ⅲ型上級高齢労働者

　この高齢者と社会保険制度の関係は意外に理解しづらいようです。しかし、高齢者を積極的に採用して、労働生産性を上げていくためには、この機会に上記のしくみについては、しっかりと理解しておいてほしいと思います。

　ちなみに、老齢厚生年金については、かつては65歳以降に働いていても、すぐには年金に反映されることはありませんでしたが、2020年の法改正で、毎年12月支給分から反映されることになったということは、働く人はもちろんのこと、会社の担当者としても知っておくとよいでしょう。

高齢者雇用には助成金制度がある

・・

　高齢者を雇用したときには、助成金を受給できるケースがあります。

　まず、60歳以上の人を、原則としてハローワークを通して雇用したときには「特定求職者雇用開発助成金」を受給することができます。この助成金は、高齢者だけでなく、母子家庭の母親とか障害者を雇用したときにも受給対象となります。

　受給額は90万円で、45万円ずつ2回に分けて受給します。高齢者雇用の場合には、短時間労働者として雇用するケースが大半かと思いますが、この場合の受給額は60万円で、30万円ずつ2回に分けて受給することになります。

　特定求職者雇用開発助成金は比較的、受給要件がシンプルなので、申請しやすい助成金だと思います。

　一方、新規雇用ではなく、定年延長や70歳までの継続雇用制度を新たに導入したときには「65歳超雇用推進助成金」を受給できることがあります。

　具体的には、たとえば60歳以上65歳未満の従業員が2名以上いて、現在の定年を60歳から65歳に延長したときには、15万円を受給できるといった制度です。

　それぞれの助成金の担当窓口は、特定求職者雇用開発助成金は「各都道府県の労働局」で、65歳超雇用推進助成金は「独立行政法人高齢・障害・求職者雇用支援機構」です。

　詳しい受給条件や助成額などについては、各担当部署のホームページ等で確認してください。

　なお、受給しようとする場合は、申請前にあらかじめそれぞれの担当部署に相談されることをお勧めします。

6章

....

中小企業こそが
高齢者雇用をリードしていこう

最後に就業規則を
掲載したので、
参考にしてください。

働くことが何より一番の健康対策である

早くにリタイアすると病気にかかることが多い？

いよいよ最終章まできましたが、前章までで高齢者雇用に対する考え方は変わったでしょうか。

いくらかでも高齢者雇用に積極的に取り組んでいきたいと思っていただけたなら、著者としてこの上ない喜びです。

日常の社会保険労務士の仕事を通して私が思うのは、中小企業の社長さんは70代後半や80代になっても元気な方が多いということです。

なかには、65歳になったので息子さんに経営を任せて引退、という社長さんもいましたが、事業承継の３年後に認知症を発症された、などといった話を聞くこともあります。

このような事例に遭遇すると、一概にはいえないかもしれませんが、定年で働くことを辞めたり、会社経営を息子さんに譲り、自身は引退するなどのケースでは、病気などにかかったりして、元気のない高齢者になってしまうことが本当に多いように思います。

やはり、プロローグで紹介したマズローの欲求５段階説にあったように、常に自己実現の目標に向かって努力を重ねていかなければ、成長はなくなり、元気のない老人になっていってしまうのではないかと考えます。

イギリスの有名な歴史家・評論家であるトーマス・カーライルは、その著書のなかで「勤労は常に人類を悩ますあらゆる疾病と悲惨に対する最大の治療法である」と述べていますが、まさにその通りだと思います。

この考え方は、116ページで紹介した石田梅岩の「勤勉」の考え

方にも通じるものがあると思います。

　このことを逆に考えるならば、引退などで仕事をしなくなるということは、人生のさらなる苦悩につながるということではないでしょうか。

　その結果、病気や認知症になってしまうケースが多くなるのではないかと思います。やはり、生涯現役で何歳になっても働き続けるという意識をもっていることが一番の健康対策になってくると考えます。

　実は、全国のハローワークでは、シニア世代のための就職相談窓口として「**生涯現役支援窓口**」を設けて、主に再就職などをめざす60歳以上の高齢者を重点的に支援するサービスを行なっています。

　この「生涯現役支援窓口」の主な特長は以下の3つです。

> ①シニア世代の採用に意欲的な企業の求人情報の提供
> ②多様な就業ニーズなどに応じたシルバー人材センターをはじめとした関係機関の窓口についてなどの情報の提供
> ③シニア世代に適した**各種ガイダンス**（履歴書や職務経歴書の書き方、面接の受け方、求職活動の方法など）や職場見学・職場体験等の実施

　もちろんこれは、高齢の求職者向けのサービスです。しかし、これから高齢者雇用に取り組んでみようと考えている、特に中小企業の経営者には、ぜひこのハローワークの取組みを活用して高齢者の採用に役立ててほしいと思います。

高齢者雇用では
家庭状況などにも注意しておきたい

熟年離婚による年金分割が必要なケースもある

　本書では、高齢者雇用の推進について解説してきましたが、高齢者を雇用しているときに、経営者として注意しておきたいのは、まずは高齢者本人の健康状態です。

　そして高齢者雇用では、健康状態の把握と同時に、実は**家庭が円満である**ということも重要なポイントの１つです。

　老後は夫婦２人で生活するということであれば、夫婦仲がうまくいっていないと、たとえば夫の働きぶりにも影響が出るかもしれません。

　定年後に夫が四六時中、家にいるようになったら、妻から離婚を言い渡されるということはよく聞く話です。いわゆる「熟年離婚」です。熟年離婚で問題になるのは、夫の生活設計に問題が生じることです。

　たとえば、66歳の夫が月額賃金20万円で働いている場合、仮に毎月約15万円の老齢年金（15万円は平均的な年金額です）を受給していれば、合計で月の収入は35万円になります。

　高齢者の熟年離婚では、婚姻期間が30年とか40年近くあることが多いので、ざっくりいえば、離婚によって夫の年金は毎月４万円から５万円前後が減額になってしまうケースが多いと思います（その分は別れた妻に支給されます）。

　つまり、それまで受給していた年金額が減額されることによって、生活費が足りなくなるという現実が待っているのです。高齢者で毎月の年金額が10万円程度になってしまうのは、人生100年時代といわれる今日では、60代以降の長い期間にわたって、厳しい老後生活を送らなければなりません。

　もっとも、妻の側からみれば年金額は増加します。しかし、婚姻を継続して仮に夫が亡くなった場合に受給できる**遺族年金**の額は、離婚に伴う年金分割による増額分より、ほとんどのケースで多くなります。

　したがって、年金の受給額という視点から考えると、私は、熟年離婚は極力避けたほうがよいと考えています。

　私は仕事柄、年金分割に関する相談を受けることもありますが、高齢者の熟年離婚はたしかに増えています。そして、いったん離婚が決まると、ほとんどの高齢男性は元気をなくしてしまうように感じています。

　高齢者を雇用する経営者としては、このような事態になることも頭に入れて、高齢者の家庭状況にも配慮した雇用対策を推進していくべきではないかと思います。

　なお、離婚に伴う年金分割は、婚姻期間中の厚生年金部分が対象となり、婚姻前の期間は分割の対象外です。夫婦2人の保険料納付記録分を合算して、妻は65歳から分割された年金を受給できることになります。

　年金分割制度には、「合意分割」（年金分割の按分割合について夫婦で合意して決める方法）と「3号分割」（妻が国民年金の第3号被保険者となっている期間について、夫の同意がなくても妻からの請求で夫の年金の2分の1を受給できる方法）の2つの種類がありますが、それをさらに詳しく解説するのは本書の趣旨ではありません。

　もし高齢従業員本人から聞かれても、正しい回答をすることは不可能なので、必ず最寄りの年金事務所に相談に行くようにアドバイスするとよいでしょう。

日本は高齢者が働くには
世界で一番恵まれた国

労働人口の不足分は外国人雇用ではまかなえない

　高齢者が働くという視点で考えれば、現在の日本は世界で一番恵まれた国ではないかと思っています。

　本書プロローグで、労働力人口と65歳以上人口の推移について検証しましたが、厚生労働省の「令和3年版 高齢社会白書」によれば、世界的にみると、2020年の65歳以上人口が総人口に占める割合は9.3％でしたが、2060年には65歳以上人口が総人口に占める割合は17.8％に上昇するとされています。欧米、日本、オセアニアなどの先進地域に限ってみれば、その割合は2020年の19.3％から28.2％への上昇が見込まれています。

　日本では、2060年には労働力人口も65歳以上人口も人数的には減少する見通しですが、いずれにしても、日本の労働人口は急激に減少します。そしてその結果として、国力もダウンしてしまうことでしょう。

　少子高齢化社会で人手不足となれば、高齢者の労働人口が増加していかないと、抜本的な対策を講じることはできません。

　人手不足というと、外国人労働者の雇用ということを誰しも連想します。

　しかし、昨今の円安や物価高で外国人が日本で働くことの意義は徐々に少なくなっています。

　また、原則として日本人と同等以上の賃金を支払わなければならないといった入管法などの縛りや、2年か3年ごとの在留資格の更新などがあり、日本人を雇用する場合と比較すると、外国人雇用の労務管理は約2倍ほどのエネルギーが必要になるというのが現状で

す。

　このような現実を考えるならば、たとえば月額賃金30万円で外国人を雇用するよりも、本書で高齢労働者を分類した際のⅠ型初級高齢労働者やⅡ型中級高齢労働者を雇用するほうが、より安心して運用できるのではないでしょうか。

　約40年後には、日本の労働人口は現在の３分の２になってしまうといわれています。残り３分の１を外国人の雇用で補うのは不可能です。したがって、高齢者の雇用以外に、日本の労働力確保の課題は解決しないと考えます。

　今後は、たとえば現在10名ほどの会社であれば、その約３分の１である３名については60歳以上の高齢者が社員として働くといったことが当たり前になっていくと思います。

　社員が現在約100人規模の会社であれば、30人強が高齢労働者になることも当たり前になるでしょう。

　まさに日本は、高齢者が働くには最適な国になっていくのではないかと思います。

中小企業の経営者は高齢者雇用について
大きく見直さなければならない

高齢者雇用はまだ真剣に考えていない？

　現在日本の多くの経営者、特に中小企業の経営者は、高齢者雇用については、まだあまり真剣に考えていないというのが現状ではないでしょうか。

　しかし、コロナ禍以降、飲食店をはじめとしてどこの会社でも求人難で、人手不足対策に苦労しています。

　そして私は、数年後にはいくら賃金を引き上げても、求人できないといった深刻な状況が、特に中小企業では起きてくるのではないかと考えます。

　その結果、人手不足倒産といったことも多発する時代に突入するのではないかと思っています。

中小企業は率先して高齢者雇用を実践しよう

　そこで考えなければいけないのが、本書で何度も繰り返し提案している「高齢者雇用」です。しかも、現在の社員を定年後も継続雇用する「定年再雇用」だけでは、人手不足は解消しませんから、新たに60代・70代の高齢者を採用することを真剣に考えなければならない時代に突入していると思うのです。

　したがって、比較的単純な業務は、できるだけ高齢者で対応するなど、いまから人事戦略についても見直していかなければならないと考えます。

　5－9項で検証したように、正社員1人分の賃金コストで3人の高齢者を雇用することが可能になるので、高齢者雇用は、人件費低減の有効な対策の1つにもなってくるのではないでしょうか。

　高齢者にとっても、昨今の値上げ攻勢により、たとえば月3万円

の電気代が4万5,000円へと1.5倍になることも珍しいケースではありません。

　つまり、多くの年金収入に頼っている高齢者は、今後働かないと生活できないという時代になってきました。一方で、物価上昇による年金額のアップはあまり期待できないので、その点からも、高齢になっても働かないと、まともな生活そのものができない社会に突入していると感じる今日このごろです。

　厚生労働省の「将来推計人口の概要」によれば、日本の総人口に占める65歳以上人口の占める割合は、令和2年（2020年）の28.6％から、令和52年（2070年）には38.7％に増えると予測されています。

　これだけ高い割合を占める高齢者ですから、この人たちに働いてもらうことは当然のことといえるでしょう。そして、その高齢者雇用を率先して行なっていくのが、これからの中小企業の使命だといっても過言ではありません。

6章 中小企業こそが高齢者雇用をリードしていこう

155

6-5 元気な高齢者が増えれば 医療費の削減にもつながる

🏢 高齢者が元気に働けば病気にはならない？

　厚生労働省保険局の「医療保険に関する基礎資料」によれば、「年齢階級別の1人当たり医療費（医療保険制度分）」は平成30年度の60歳以上でみると次のようになっています。

- ●60～64歳……　36.8万円
- ●65～69歳……　46.4万円
- ●70～74歳……　60.4万円
- ●75～79歳……　77.0万円
- ●80～84歳……　92.4万円
- ●85～89歳……105.4万円
- ●90～94歳……113.4万円
- ●95～99歳……118.9万円
- ●100歳以上…　118.6万円

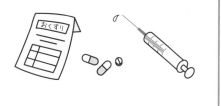

　ちなみに、40代では44歳までが14.9万円、45歳以降で18.0万円、50代だと54歳までが23.0万円、55歳以降で29.0万円です。20代、30代ではもっと少なくなります。

　ここでいう医療費とは、自己負担分を除いた国が負担している医療費です。60歳以上の人だとこれだけの医療費を国が負担しているわけです。65歳以上の人にかかる医療費だけで、医療費全体の半分に達しているくらいです。

　ところで、高齢者が元気で働くことによって、高齢者の医療費が削減していくことは十分に考えられます。元気で働くことにより、

医者にかかるケースも減少するのではないでしょうか。介護サービスを受ける割合も減れば、国が負担する介護費の削減にもつながるでしょう。その結果として、国の経済状況も改善されるのではないかと考えます。

さらにいえば、国が負担する医療費が減ってくれば、社会保険料の引上げにもブレーキがかかってくると思います。

たとえば、70〜74歳で年間に国が負担している1人当たり医療費は約60万円ですが、もしこの70代の人に働いてもらうことにすれば、極論ですが、年間1人当たり医療費は半分ぐらいに削減できる可能性がないわけではないと思います。これは1人当たりの削減額ですから、実際の人数で計算したら莫大な医療費の削減につながることになります。

そのように大局的な観点から医療費の削減を考えるならば、高齢者雇用はますます進めていく必要があるのではないでしょうか。もちろん、高齢になっても働いているから、医者にかからなくなると、一概にいえるわけではありません。しかし、その可能性は大いにあるはず、と私はいっているのです。

そのためには、雇用における高齢者差別の意識やイメージは、経営者も労働者も、早急になくしていかなければなりません。

定年後も当たり前に働き、ますます輝く老後人生を

日本の高齢者雇用は諸外国のモデルケースに

　日本の高齢化社会の進展と人手不足の現状からは、繰り返しになりますが、高齢者雇用のうち「定年再雇用」は、現在は本人が希望すれば65歳までが義務化され、70歳までは努力義務となっていますが、やがては70歳まで義務化、75歳までは努力義務へと、徐々にシフトしていくと思われます。

　一方の新規雇用についても、本書で分類したⅠ型初級高齢労働者からⅡ型中級高齢労働者、Ⅲ型上級高齢労働者へと採用する年齢層はより高齢者へと広がっていくでしょう。

　いまや老齢年金だけでは生活できない時代になってきたので、一部の高額所得者を除いては、定年後も当たり前に働く時代になってきたわけです。

　実は、この現象は日本が世界で初めてのケースになるのではないかと考えます。その意味では、今後必ずやってくる世界の高齢化社会における働き方のモデルケースになっていくのではないでしょうか。

　昔の話ですが、もともと明治時代は職人が多かったこともあって皆、生涯現役で働いていました。ある意味、現代の日本も明治時代のように、労働者が専門制をもって生涯働けるといった考え方にシフトしなければならない時代になってきた、といえなくもないと思います。

　現在は、ＩＴの急速な進化や、テレワークの実施などによって、明治時代には考えられなかった働き方ができる時代になってきました。ＩＴなどを駆使すれば、仮に80歳の高齢者でも、若い人に負けない仕事ができる時代になったのです。

したがって、「高齢者だからこの仕事は無理だろう」といった年齢差別は通用しなくなり、ますます高齢労働者が活躍するケースが増えてくると思います。

　ご参考のために厚生労働省の「職業安定業務統計」から「フルタイム・パートタイム別、新規求職申込件数トップ5の職業」という調査結果を紹介しておきましょう。2015年度調査という古いデータですが、参考になると思います。

　高齢者雇用の業務はパート業務と近いところがあると考えられるため、フルタイムのベスト5は省略します。

【パートタイム（**男性**）のトップ5】
1位：その他の運搬・清掃・包装等の職業
2位：一般事務の職業（企画・調査事務、秘書、電話応接事務等）
3位：自動車運転の職業
4位：居住施設・ビル等の管理の職業
5位：清掃の職業

【パートタイム（**女性**）のトップ5】
1位：その他の運搬・清掃・包装等の職業
2位：清掃の職業
3位：一般事務の職業（企画・調査事務、秘書、電話応接事務等）
4位：飲食物調理の職業
5位：商品販売の職業

6-7 高齢者雇用では 小さな仕事こそが評価される

日常生活を支える仕事は高齢者にやってもらう

　高齢者雇用については多くの書籍が出版されていますが、そのほとんどが「定年再雇用」における、人事制度と賃金制度に関するものです。内容を見ると、賃金制度は職能資格制度の延長版だったりして、なかなか理解しづらいのではないかとの印象をもちました。

　本書は、これまで何度も触れているように、基本的には60代・70代の高齢者を新規に雇用することを前提に解説してきました。

　したがって、賃金制度についてはシンプルな時給制であり、人事制度についても仕事の達成度によって評価をしたり、本人が定年年齢を選択できる定年制度にしたりといった、いたって単純化した考え方にもとづいています。私は、高齢者雇用では、このようにシンプルな賃金・人事制度が一番最適ではないかと思っています。

　また本書では、高齢者雇用にふさわしい仕事として、特殊な専門知識が必要になる職種ではなく、比較的誰でもできる小さな仕事を中心に紹介してきました。

　たとえば、コンビニの店員とか、清掃の業務とか、ガードマンなどは、若い人からは敬遠されがちな職業かもしれませんが、これらの仕事を誰かがやってくれなければ、日本は本当に不便な国になってしまいます。前項で紹介した厚生労働省の調査結果をみても、求職申込件数のトップ５はそういった職種が並んでいます。

　これらの小さな仕事は、高齢者でも十分にできる仕事であり、労働生産性は若い人と比べても格差はあまり生じないと思います。

　これからの日本は、ますます高齢化と人手不足が同時並行的に押し寄せてきます。その状況下で、日本経済を底支えするのは、60代、70代の高齢者ではないかと私は思っています。

6-8

高齢者雇用の就業規則は どうしたらいい？

🏢 高齢者に配慮した規定を設ける

　最後に実務的な話になりますが、**高齢者向けの「就業規則」が整備**されていれば、高齢者にとってはモチベーションアップにつながります。現役の従業員を対象にした就業規則しかないと、ある意味、年齢差別とも受け取られかねません。そこで次ページに、簡単な高齢者向け就業規則のサンプルをあげておきました。

　あくまでもサンプルですが、この本で紹介している、Ⅰ型・Ⅱ型・Ⅲ型の新規高齢労働者の定義や80歳選択定年制度なども織り込まれています。

　また、賃金の支払いについては、直接手渡しの方法もあるとしています。これは、高齢者が働いてくれることに対する「感謝」とか「信頼」とか「感動」といった、お金以外のいわば"報酬の小切手"のようなものをたくさん切ってほしいと思うからです。

　そのきっかけとして、毎月、銀行振込みではなく、手渡しで賃金を支払うということは、「今月もよく頑張ってくれましたね。感謝しています」といった、お金以外の報酬小切手を切ってあげる最大のチャンスの日ではないかと考えるのです。

　このような会社のやり方は、現役の社員も必ず見ています。会社の人手不足が続くようであれば、現役社員から「65歳になる知人にうちの会社で働いてみないかと聞いてみましょうか」といったアプローチにつながっていくのではないでしょうか。

　もちろんこのことは、高齢者の募集だけでなく、若い人を対象とした求人にも結びついてくると思います。

　いずれにしても、高齢者向け就業規則のサンプルを参考にして、高齢者の新規雇用に役立てていただきたいと思います。

◎就業規則（定年再雇用者・新規雇用高齢者用）のサンプル◎

（目　的）
第1条　この規則は、定年再雇用者および60歳以上の新規雇用者の労働条件等を定めたものである。

（定義および対象者）
第2条　この規定の対象者の定義は次に定めるものとする。
　①定年再雇用者…定年で再雇用された者
　②Ⅰ型初級高齢労働者…60歳以上70歳未満の新規雇用労働者
　③Ⅱ型中級高齢労働者…70歳以上75歳未満の新規雇用労働者
　④Ⅲ型上級高齢労働者…75歳以上の新規雇用労働者

（雇用の要件）
第3条　定年再雇用を希望した者、および新規採用面接で採用された者とする。

（雇用期間および定年について）
第4条　再雇用者、新規雇用者の契約期間は原則1年とし、最長で満80歳まで更新することがある。ただし、選択定年制度により定年を70歳から80歳までの間で選択できるものとする。

（職　務）
第5条　雇用された者の職務は、本人の希望、技能、経験、高齢者の健康状態などを総合的に判断し、会社が決めるものとする。

（勤務日・勤務時間・休憩・休日）
第6条　雇用者の勤務日、始業・終業時刻と勤務時間、休憩、休日は、高齢者に配慮した多様な働き方になるため、労働基準法を遵守して個人ごとに雇用契約書に定めるものとする。

（賃　金）
第7条　雇用者の給与は、原則として時給および通勤手当とする。下記の基準で採用時と更新時には給与の増減を決定する。

＜採用時＞（原則、世間相場をベースに決める）	＜更新時＞
●タイプ1：定年再雇用者	①与えられた仕事ができるか
●タイプ2：未経験も含めた新しい職務	②体力的な問題はないか
●タイプ3：短時間勤務のパートなどの職務	③やる気があるか
●タイプ4：専門性の高い職務	

(賃金の支払い)
第8条　賃金は、前月　　日から起算し、当月　　日に締め切って計算し、当月　　日に支払う。欠勤・遅刻・早退があるときは、その時間分の賃金を控除して支給することがある。また、賃金は銀行振込みではなく、直接手渡しの支払いもあるものとする。

(年次有給休暇)
第9条　再雇用者の従業員は再雇用後に持ち越して、Ⅰ型・Ⅱ型・Ⅲ型の新規雇用者は再雇用者と同様に、健康と職場環境に配慮し、労働基準法の定めに従い新規に付与するものとする。

(社会保険関係の加入)
第10条　再雇用・新規雇用とも加入基準を満たしたときに加入するものとする。

(退　職)
第11条　雇用者が次のいずれかに該当するときは、退職とする。
　①本人が死亡したとき
　②雇用契約期間が満了し更新しないとき
　③満80歳に達したとき。ただし選択定年年齢に達して、更新の希望をしなかったとき
　④自己都合により退職を希望するとき
　⑤健康や、本人の能力等から雇用の継続が不可能であると会社が判断したとき
　⑥正社員用の就業規則の懲戒解雇に該当するとき

(退職金)
第12条　退職金については、第二退職金規程が定められていれば適用となり、定めがなければ退職金はないものとする。

(その他の労働条件)
第13条　定年再雇用、Ⅰ型・Ⅱ型・Ⅲ型の高齢労働者の賃金等の雇用条件は、雇用契約書に定めるものとする。更新時も同じく、雇用契約書によるものとする。この規程にないものについては、原則として正社員用の就業規則を準用するものとする。

(疑義の解釈)
第14条　本規則の解釈に関して疑義が生じた場合の判断は社長が行なう。

この規定は、令和　　年　　月　　日から施行するものとする。

おわりに

　本書をお読みいただき、ありがとうございました。
　「高齢者雇用」の推進やそれに伴う人事・賃金制度などについて、実践するイメージをもっていただけましたでしょうか。

　実は私は、この本が27冊目になります。
　12年ほど前に初めて労働関係の本を出版させていただき、その後も中小企業向けの人事制度や賃金制度などに関する書籍を出版してきました。
　今回は、昨今のインフレや物価高、特にコロナ禍後の人手不足が深刻な社会問題となっているなかで、顧問先からも「本当に人を採用できなくなった」といった声を聞くことが増えたので、その対策のための企画を考えました。
　私自身が68歳になったということもありますが、この人手不足を解消する方法の１つは、多くの高齢者に働くという選択肢をもっていただくことだと思います。そのことが、高齢者自身が元気で生活できるキッカケにもなってくれると思っています。

　多くの経営者が、従来からの高齢者に対する年齢差別の意識を見直してもらい、高齢労働者が働きやすい労働環境を整備して労働生産性を向上させていけば、人手不足はいくらかでも緩和できるのではないかと考えています。
　私の提案した高齢者雇用に関する考え方や制度は、「シンプル過ぎる」といった感想やご意見をお持ちの読者の方もいらっしゃると思います。
　でも、私の持論なのですが、人事・賃金制度に正解はありません。その会社に合った人事・賃金制度とは、それぞれの社長さん自身が、どのように考えて実行するかで決まってくるのではないでしょうか。

私が本を書くようになったのは、社会保険労務士を開業して10年を過ぎてからです。それは12年ほど前のことになりますが、なにか自分に区切りをつけなければならないと決意したのがキッカケでした。

　また、私が入塾している、名古屋の北見塾の北見昌朗先生やその他多くの塾生の方が、書籍を出版されていることに刺激を受けたのも事実です。

　さらには、社労士の開業時から、私が尊敬しているランチェスター経営で有名な竹田陽一先生の講演で、「自分は大変に字がへたくそで文章を書くことなどは一番苦手であったが、人の３倍かけて原稿を書いた。そして、いまではベストセラーとなった本も発行できた。仮に文章が苦手な人は、他人の３倍の時間をかけて書けばいいのです」とのお話を聞いて感動したことにも触発されました。

　以上のようなことを経験して、本書の出版にいたりました。これも、多くの先生方のご支援があったからこそだと深く感謝申し上げます。

　なお、出版するに際しては、アニモ出版編集部に大変にお世話になりました。厚くお礼申し上げます。

　今回のテーマである「高齢者雇用」については、特に、新規に高齢者を採用するということをメインに据えた書籍は、これまでほとんどなかったのではないかと思います。

　人生100年時代といわれるいま、特に中小企業の経営者には、この本をキッカケにして高齢者雇用について真剣に考えていただき、また、高齢者の方には、元気に働き続けることの意義について、いくらかでも参考になれば著者としてこの上ない喜びです。

三村　正夫

【参考文献】

『ほんとうの定年後「小さな仕事」が日本社会を救う』

(坂本貴志著／講談社)

『100歳まで働く時代がやってきた』 (田中真澄著／ぱるす出版)

『70歳雇用推進事例集2023』

(編集・発行：独立行政法人 高齢・障害・求職者支援機構)

三村正夫（みむら　まさお）

福井県福井市生まれ。（株）三村式経営労務研究所 代表取締役、三村社会保険労務士事務所 所長。芝浦工業大学卒業後、昭和55年、日本生命に入社、販売関係の仕事に22年間従事した。その後、平成13年に石川県で独立開業し、開業22年目を迎える。就業規則の作成指導などを県内の有名大学・大企業から10人未満の会社まで、開業時より積極的に実施しており、また、ランチェスター戦略社長塾を北陸で初めて開催するなど、独自の労務管理を展開している。モットーは、「社員は一個天才、会社は天才の集まりだ」で、社長は社員の可能性を信じてほしいと訴える。信念は「人生は自分の思い描いたとおりになる」。特定社会保険労務士をはじめ、行政書士・キャリアコンサルタント・CFPなど22種の資格を取得している。主な著書に、『小さな会社のシンプルな一体型賃金制度』『サッと作れる小規模企業の就業規則＜改訂3版＞』『サッと作れる小規模企業の賃金制度＜改訂版＞』（以上、経営書院）、『ブラック役場化する職場〜知られざる非正規公務員の実態』（企業通信社）、『多様な定年制度と高年齢者再雇用の賃金・退職金の見直し方』『コロナウイルスなどに負けない「生き方・働き方」』（以上、セルバ出版）など多数ある。

【三村社会保険労務士事務所URL】 https://mimura-office.com

人手不足を解消しよう！
60代採用のススメと人事・賃金制度ガイド

2023年9月15日　初版発行

著　者　三村正夫
発行者　吉溪慎太郎
発行所　株式会社アニモ出版
　　　　〒 162-0832 東京都新宿区岩戸町 12 レベッカビル
　　　　TEL 03(5206)8505　FAX 03(6265)0130
　　　　http://www.animo-pub.co.jp/

©M.Mimura 2023　ISBN978-4-89795-277-2
印刷・製本：壮光舎印刷　Printed in Japan

定年前後の知らなきゃ損する 手続き�得ガイド

【改訂4版】土屋 信彦 著　定価 1760円

継続再雇用、転職、起業、個人事業、パート勤務、リタイアして悠々自適…あらゆるケースに応じた、退職手続から年金、雇用保険、医療保険、税金までトクするやり方がわかる本！

定年前にやらないと損する 定年後のお金㊕ガイド

蓑田 真吾 著　定価 2200円

退職金や医療保険、失業保険、年金などに関する素朴な疑問や悩みに対して、Q＆A方式でズバリ回答。老後の経済的不安が解消するし、会社の人事・労務担当者も活用できる本！

これだけは知っておきたい！
人事・労務のしごとの基本

アイ社会保険労務士法人 著　定価 1760円

労働基準法の基礎知識から定例事務のこなし方まで、人事・労務のしごとに必要な実務のポイントをコンパクトに網羅。テレワークにも対応した、すぐに役立つ必携ハンドブック！

図解でわかる社会保険 いちばん最初に読む本

【改訂5版】米澤 裕美 著・山田 芳子 編著　定価 1650円

公的医療保険（健康保険）や介護保険、年金保険から労災保険、雇用保険まで、社会保険のしくみと基礎知識を図解入りで網羅。初めての人でもスラスラ頭に入ってくる超・入門書。

定価変更の場合はご了承ください。